JN160028

新入職員のための
病院・診療所
経営入門

ゼロから学ぶレセプトと簿記・経営分析

監修 須藤 芳正
編著 太田 佑馬

大学教育出版

まえがき

本書は、病院・診療所（以下「病院」とします）に新しく入職された方に、病院経営の基礎を学んでいただくことを願い執筆いたしました。

病院の収入の源泉は診療行為です。病院が実施した診療行為は「診療報酬明細書（レセプト）」に記録され、そこで計算された金額が「複式簿記」という計算システムによって集計され、最終的に「財務諸表」へとまとめられます。

財務諸表は健康診断書のようなもので、病院の経営状態に関する情報が会計数値で記載されています。現金や預金、借入金の残高はいくらあるのか、医業収益や人件費・材料費、利益はどの程度であるか、財務諸表をざっと眺めているだけでも種々の経営情報を得ることができます。しかし、「経営分析」という技法を用いて、それらの数値を加工すると、病院の経営状態がより一層クリアに見えてきます。

本書は、病院経営を理解するうえで基礎となる知識である「レセプト」「複式簿記」「経営分析」、そして会計実務に役立つ「会計処理マニュアル」を掲載しています。

本書が健全な病院経営を考える際に役立つことを執筆者一同、切に願っています。

本書の出版を快くお引き受けいただいた株式会社大学教育出版に、心から感謝を申し上げます。

2019年1月吉日

執筆者を代表して　須藤芳正

新入職員のための病院・診療所経営入門
―― ゼロから学ぶレセプトと簿記・経営分析 ――

目　次

新入職員のための病院・診療所経営入門

—— ゼロから学ぶレセプトと簿記・経営分析 ——

第1章

基礎から学ぶ診療報酬制度

1. 診療報酬制度の概要

(1) 診療報酬

保険医療機関で行われる診療行為には、すべて点数が定められており、診療行為が行われれば該当する診療行為の点数を算定します。その診療行為に対して保険医療機関に支払われる報酬のことを「診療報酬」といいます。診療行為は難易度によって評価され、1点単価＝10円となっています。

この診療報酬は、厚生労働大臣が定めることとなっており、医療の進歩や世の中の経済状況を鑑みて2年に一度改定が行われています。改定については、厚生労働大臣が中央社会保険医療協議会（中医協）に諮問し、それを受けて中央社会保険医療協議会が審議をし、答申を行うことにより決定されています。なお、中央社会保険医療協議会は公益側代表6人（学者など）、診療側代表7人（医師代表など）、支払い側委員7人（健保組合など）の3者20名で構成されています。

(2) 診療報酬点数表

「診療報酬点数表」は、各診療行為の評価点数を算定ルールとともにまとめたもので、医科・歯科・調剤の3種類があります。診療所や病院で行われる医科の診療には、「医科診療報酬点数表」を用いて診療報酬を算定します。なお、診療報酬の算定方法は、「健康保険法」および「高齢者の医療の確保に関する法律」の規定にもとづいて決められています。

医科診療報酬点数表は、第1章「基本診療料」と第2章「特掲診療料」から構成されています。第1章の基本診療料には、初診料、再診料、入院料など診療の基本の点数が定められています。また、第2章の特掲診療料には、基本診療料以外の投薬料、検査料、処置料、手術料などの診療行為に関する点数が定められています。

その他に、厚生労働大臣が定める診療報酬点数に関する基準等として、「材料価格基準」「入院時食事療養費・入院時生活療養費」「基本診療料の施設基準等」「特掲診療料の施設基準等」などがあり、診療報酬の算定の際にはこれらの基準を満たしているか、あるいは届け出ることを要件に算定することができます。

(3) 診療報酬の支払い

診療報酬は、個々の患者特性に応じて客観的に最適な医療を選択することを阻害しないという理由から「個別出来高払い方式」を原則としており、実際に行った各診療行為の評価点数を合計して支払われます。保険医療機関では、診療録（カルテ）に記載されている診療行為について、診療報酬点数表と照合しながら点数化して算定します。個別出来高払い方式は、行われた診療行為を一つひとつ積み重ねて算定していくイメージです。図表 1-1 を参考にしてください。

図表 1-1　個別出来高払いのイメージ（入院外の場合）

また、平成15年からは特定機能病院の入院患者を対象に「定額払い方式」が導入されました。これは「DPC／PDPS（診断群別包括払い方式）」と呼ばれ、DPC（Diagnosis Procedure Combination）は診断群分類を、PDPS（Per-Diem Payment System）は1日当たり包括支払い制度を表しており、入院期間中に医療資源を最も投入した傷病名と手術・処置等の組み合わせによって1日当たりの支払い額を決定し、在院日数に応じた1日あたりの定額報酬を算定する方式です。現在では、特定機能病院だけでなく、急性期入院医療の一定の要件を満たすその他の病院でもDPCによる入院医療費の算定が行われています。

(4) 療養の給付の担当の範囲

診療報酬は保険診療（療養の給付）の範囲で支払われます。保険診療（療養の給付）の範囲は、保険医療機関及び保険医療養担当規則第1章（保険医療機関の療養担当）第1条に次のように定められています。

（療養の給付の担当の範囲）

第1条　保険医療機関が担当する療養の給付並びに被保険者及び被保険者であった者並びにこれらの者の被扶養者の療養（以下単に「療養の給付」という）の範囲は、次のとおりとする。

一　診察

二　薬剤又は治療材料の支給

三　処置、手術その他の治療

四　居宅における療養上の管理及びその療養に伴う世話その他の看護

五　病院又は診療所への入院及びその療養に伴う世話その他の看護

一方、保険診療に当たらないものには、以下のようなものが挙げられます。

・美容的な医療（あざやほくろの除去、まぶたの整形）：病気とは認められないもの

・予防的な医療（健康診断、人間ドック、予防接種など）

・正常な妊娠や出産

・経済的理由による人工妊娠中絶

・業務上・通勤途上の病気やけが：労災保険の対象

〔豆知識：療養の給付、現物給付、現金給付〕

わが国では1961年に国民皆保険制度が達成され、これにより国民は皆何らかの医療保険に加入することができるようになりました。医療保険に加入していれば、「現物給付」および「現金給付」を受けることができます。

患者（被保険者）が受けた医療行為（療養）に対し支払った一部負担金を控除した部分について現物で給付を受けることを「療養の給付」といいます。このように「現物給付」とは、被保険者等が受けた医療行為について現物で給付を受けることをいいます。現物給付の中心は「療養の給付」となっています。

一方、「現金給付」とは、現金で支給されるものをいいます。現金給付の主な種類と給付の条件は図表1-2のとおりです。支給に該当する状況になったとき、保険者に手続きをすれば、現金の給付を受けることができます。

図表1-2　現金給付の種類

種類	給付の条件
傷病手当金	被保険者が職務外の原因で病気やけがをしたために休業（欠勤）し、報酬が減額または無給となったとき
出産手当金	被保険者が出産のために休業（欠勤）し、報酬が減額または無給となったとき
出産育児一時金	被保険者が出産したとき
移送費	病気やけがで移動が困難なとき、医師の指示で一時的に緊急を要し、移送されたとき
埋葬料	被保険者が職務外の理由で死亡したとき

(5) 一部負担金の支払い

患者は受付窓口で被保険者証を提示して保険診療を受けた場合、診療報酬点数表にもとづき算定された医療費の一部を保険医療機関に支払います。患者が医療費を負担する割合のことを「負担割合」といいます。負担割合は患者の年齢や加入する被保険者証の種類などにより異なっています（図表1-3）。

〔豆知識：療養費の支給〕

医療にかかった全額をいったん支払った後に、保険者に手続きをして払い戻しを受けるという扱いをするものもあります。これを「療養費の支給」といいます。例えば、①被保険者証を提示できずに医療費の全額を自費で支払った場合や、②医師が治療上の必要を認め、コルセットの製作を指示した場合などです。療養費として払い戻しを

図表 1-3　患者の負担割合

（2018 年 7 月現在）

被保険者証の種類		年齢区分	負担割合
医保	本人（被保険者）	高齢受給者（70 歳以上 75 歳未満）	2 割（現役並み所得者は 3 割）*
		70 歳未満	3 割
	家族（被扶養者）	高齢受給者（70 歳以上 75 歳未満）	2 割（現役並み所得者は 3 割）*
		義務教育就学以降～ 70 歳未満	3 割
		義務教育就学前	2 割
国保	世帯主 組合員 その他	高齢受給者（70 歳以上 75 歳未満）	2 割（現役並み所得者は 3 割）*
		義務教育就学以降～ 70 歳未満	3 割
		義務教育就学前	2 割
後期高齢者医療		75 歳以上 （一定の障がいを有する 65 歳以上）	1 割（現役並み所得者は 3 割）

（* 2014 年 4 月 1 日までに満 70 歳になった者は 1 割）

受ける額は、保険診療において患者が負担する割合を差し引いた額となります。

(6) 支払いの仕組み

保険医療機関では、診療報酬（医療費）について、診療を受けた患者から一部の負担金額を徴収しますが、残りは、患者ごとに行った診療内容を 1 か月分まとめた診療報酬明細書（「レセプト」と呼んでいます）を作成し、保険者（医療保険を運営する機関）に請求しています。その仕組みは図表 1-4 のようになっています。

被保険者（保険給付を受けることができる者＝患者）は、保険者に保険料を支払います。そして保険者は保険料を支払った被保険者に対し、「被保険者証」（＝保険証のこと）を交付します。被保険者証の交付を受けた被保険者（患者）は、保険医療機関での保険診療を受ける際に窓口で被保険者証を提示し、診療後、保険医療機関に対し医療費の一部負担金等を支払います。その後、保険医療機関は、医療費のうち被保険者（患者）の負担分を控除した額を保険者に請求することになりますが、直接保険者に請求するのではありません。両者の間には第三者の審査支払機関が介在しており、こちらに診療報酬明細書を提出しています。この第三者の審査支払機関は、社会保険診療報酬支払基金（支払基金）および国民健康保険団体連合会（国保連合会）であり、保険医療機関から提出された診療報酬明細書の審査を代行する、保険者に対して医療費の請求をする、保険者からの支払いを保険医療機関に対して行うなどの業務を行っ

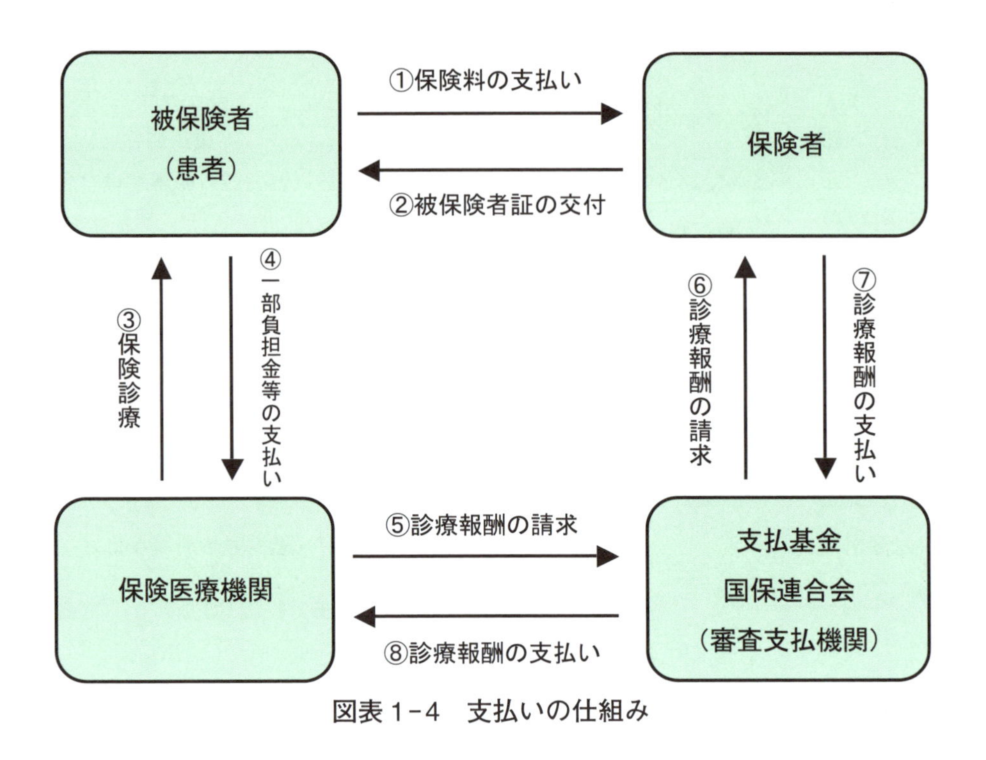

図表 1-4　支払いの仕組み

ています。診療報酬明細書は医療保険の種類によって審査支払機関への提出先が異なっており、医保は支払基金に、国保は国保連合会に提出することになっています。

現在、診療報酬明細書の作成はコンピューターを利用して行い、その提出（請求）は、審査支払機関へ電気通信回線を使って送信されています。

2. 診療報酬請求に関する作成書類

(1) 診療報酬明細書

診療報酬明細書の様式には、「医科入院外」（図表 1-5）および「医科入院」（図表 1-6）の 2 種類があります。両者の大きな違いは、医科入院外には「12 再診料」欄、医科入院には「90 入院料」欄および「97 食事・生活」欄があることです。

診療報酬明細書（医科入院外）にはどのような項目があり、それらの項目にはどのような内容が記載されているのでしょうか。図表 1-7、図表 1-8 に見本を示していますので、それぞれの項目を確認してみましょう。

(2) 医療費明細書

患者視点を重視する観点から、患者への医療費の内容に関する情報提供を進めるために、保険医療機関へ医療費明細書の発行の義務化が進められました。そして、2008 年 4 月の診療報酬改定において、レセプト電子請求の義務付け対象となっている保険医療機関では、患者の申し出があった場合に、実費徴収を可能としたうえでの医療費明細書の発行が義務付けられました。さらに、2010 年 4 月の診療報酬改定では、一部の保険医療機関を除いて、正当な理由がない限り、原則として医療費明細書の無料発行が義務付けられることになり、2018 年 4 月からは、公費負担医療の対象患者など、一部負担金等の支払いがない患者についても、医療費明細書を無料発行することとなっています。

この医療費明細書については、療養の給付に係る一部負担金等の費用の算定の基礎となった項目ごとに明細が記載されており、具体的には、個別の診療報酬点数が分かるものとされています（図表 1-9）。

(3) 医療費領収証

保険医療機関は、患者から医療費の支払いを受けたとき領収証を交付します。これについては、保険医療機関及び保険医療養担当規則第 1 章（保険医療機関の療養担当）第 5 条の 2 に次のように規定されています。

診療報酬明細書
（医科入院外）　平成30年10月分

都道府県番号 13　医療機関コード 0112369

1 医科	①社・国 2 公費	3 後期 4 退職	①単独 2 2併 3 3併	②本外 4 六外 6 家外	8 高外一 0 高外7

保険者番号 3 4 1 3 0 0 2 1　給付割合 10 9 8 7（ ）

公費負担者番号①　公費負担医療の受給者番号①
公費負担者番号②　公費負担医療の受給者番号②

被保険者証・被保険者手帳等の記号・番号 ○○○○・1111

氏名 大学教子　1男 ②女　1明 2大 3昭 ④平 10・8・9 生
特記事項
職務上の事由 1職務上 2下船後3月以内 3通勤災害

保険医療機関の所在地及び名称 東京都千代田区××××　□□診療所　（　床）

傷病名	診療開始日	転帰	診療実日数
(1) 蕁麻疹（主）	(1) 30年10月 2日	治ゆ　死亡　中止	保険 2 日
(2) 慢性膀胱炎疑い	(2) 30年10月11日		公費① 日
(3)	(3) 年 月 日		公費② 日

区分	項目	点数×回数	回数	点数
11 初診	時間外・休日・深夜		1 回	282 点
12 再診	再診	73 ×	1 回	73
	外来管理加算	52 ×	1 回	52
	時間外	×	回	
	休日	×	回	
	深夜	×	回	
13 医学管理				10
14 在宅	往診		回	
	夜間		回	
	深夜・緊急		回	
	在宅患者訪問診療		回	
	その他			
	薬剤			
20 投薬	21 内服 薬剤		3 単位	12
	21 内服 調剤	9 ×	1 回	9
	22 屯服 薬剤		単位	
	23 外用 薬剤		1 単位	6
	23 外用 調剤	6 ×	1 回	6
	25 処方	42 ×	1 回	42
	26 麻毒		回	
	27 調基			8
30 注射	31 皮下筋肉内		回	
	32 静脈内		1 回	44
	33 その他		回	
40 処置			回	
	薬剤			
50 手術麻酔			回	
	薬剤			
60 検査病理			5 回	407
	薬剤			
70 画像診断			回	
	薬剤			
80 その他	処方せん		回	
	薬剤			

公費分点数

区分	内容	点数×回数
12	明	
13	薬情	10×1
21	ビオフェルミン配合散 3.0 レスタミンコーワ錠10mg 3T	4×3
23	レスタミンコーワクリーム1% 20g	6×1
32	強力ネオミノファーゲンシー静注用20ml 1A	44×1
60	尿中一般物質定性半定量検査	26×1
	尿沈渣（鏡検法）	27×1
	細菌培養同定検査（泌尿器）	170×1
	尿糞便等検査判断料	34×1
	微生物学的検査判断料	150×1

療養の給付	請求	※決定	一部負担金額	
保険	951 点	点	円　減額 割（円）免除・支払猶予	
公費①	点	点	円	
公費②	点	点	円	※高額療養費 円　※公費負担点数 点　※公費負担点数 点

図表1-5　診療報酬明細書（医科入院外）（見本）

診療報酬明細書
(医科入院)

平成30年10月分

都道府県番号 27　医療機関コード 0101222

1 医科	①社・国 2 公費	3 後期 4 退職	①単独 2 2併 3 3併	1 本入 3 六入 ⑤家入	7 高入一 9 高入7

保険者番号 2 7 4 0 1 9　給付割合 10 9 8 ⑦( )

公費負担者番号①　公費負担医療の受給者番号①
公費負担者番号②　公費負担医療の受給者番号②

被保険者証・被保険者手帳等の記号・番号 ○○○・22

区分 精神 結核 療養　特記事項

氏名 木 黒 美 由
1男 ②女 1明 2大 ③昭 4平 60・1・19生

職務上の事由 1職務上 2下船後3月以内 3通勤災害

保険医療機関の所在地及び名称
大阪府大阪市××××
○ ○ 病 院

傷病名
(1) 急性肺炎(主)
(2)
(3)

診療開始日
(1) 30年10月29日
(2) 年 月 日
(3) 年 月 日

転帰 治ゆ 死亡 中止

診療実日数 保険 3日 公費① 日 公費② 日

区分		回数等	点数
11 初診	時間外・休日・深夜	1回	282点
13 医学管理			
14 在宅			
20 投薬	21 内服	単位	
	22 屯服	単位	
	23 外用	1 単位	5
	24 調剤	1 日	7
	26 麻毒	日	
	27 調基		42
30 注射	31 皮下筋肉内	1回	43
	32 静脈内	回	
	33 その他	2回	196
40 処置		回	
	薬剤		
50 手術麻酔		回	
	薬剤		
60 検査病理		6回	869
	薬剤		
70 画像診断		1回	210
	薬剤		
80 その他			
	薬剤		

公費分点数

区分	内容	点数×回数
23	ボルタレンサポ50mg 1個	5×1
31	パンスポリン筋注用250mg 1V	43×1
33	点滴注射	97×1
	5%G500ml 10%バッグ「フソー」 1袋	
	ソリタT3号輸液200ml 1袋	
	スルペラゾン静注用0.5g 1V	99×1
60	末梢血液一般検査, ESR	30×1
	ASO半定量, RF定量, CRP	41×1
	T-cho, ALT, ALP, TP, BUN	
	UA, クレアチニン, K, Ca	
	Na, Cl, リン脂質, 蛋白分画	
	初回加算	132×1
	U－検	26×1
	喀痰S－M, 培同定	221×1
	血液学的検査判断料	125×1
	生化学的検査(Ⅰ)判断料	144×1
	微生物学的検査判断料	150×1
70	胸部単純X－P(デジタル) 1回	
	電子画像管理加算	210×1
90	急一般4(14日以内), 録管2	
	安全2, 2級地	1,912×1
	急一般4(14日以内), 2級地	1,852×2

90 入院
入院年月日 30年10月29日
㊝ 診
急一般4
録管2
安全2

90 入院基本料・加算			点
1,912 ×	1日間		1,912
1,852 ×	2日間		3,704
×	日間		
×	日間		
×	日間		

92 特定入院料・その他

※高額療養費 円　※公費負担点数 点　※公費負担点数 点

97 食事・生活	基準Ⅰ	640 円×	6 回
	特別	円×	回
	食堂	50 円×	3 日
	環境	円×	日

基準(生) 円× 回
特別(生) 円× 回
減・免・猶・Ⅰ・Ⅱ・3月超

療養の給付	請求 点	※決定 点	負担金額 円
保険	7,270		減額 割(円)免除・支払猶予
公費①	点	※ 点	円
公費②	点	※ 点	円

食事・生活療養	回	請求 円	※決定 円	(標準負担額) 円
保険	6	3,990		2,760
公費①	回	円	※ 円	円
公費②	回	円	※ 円	円

図表1-6　診療報酬明細書(医科入院)(見本)

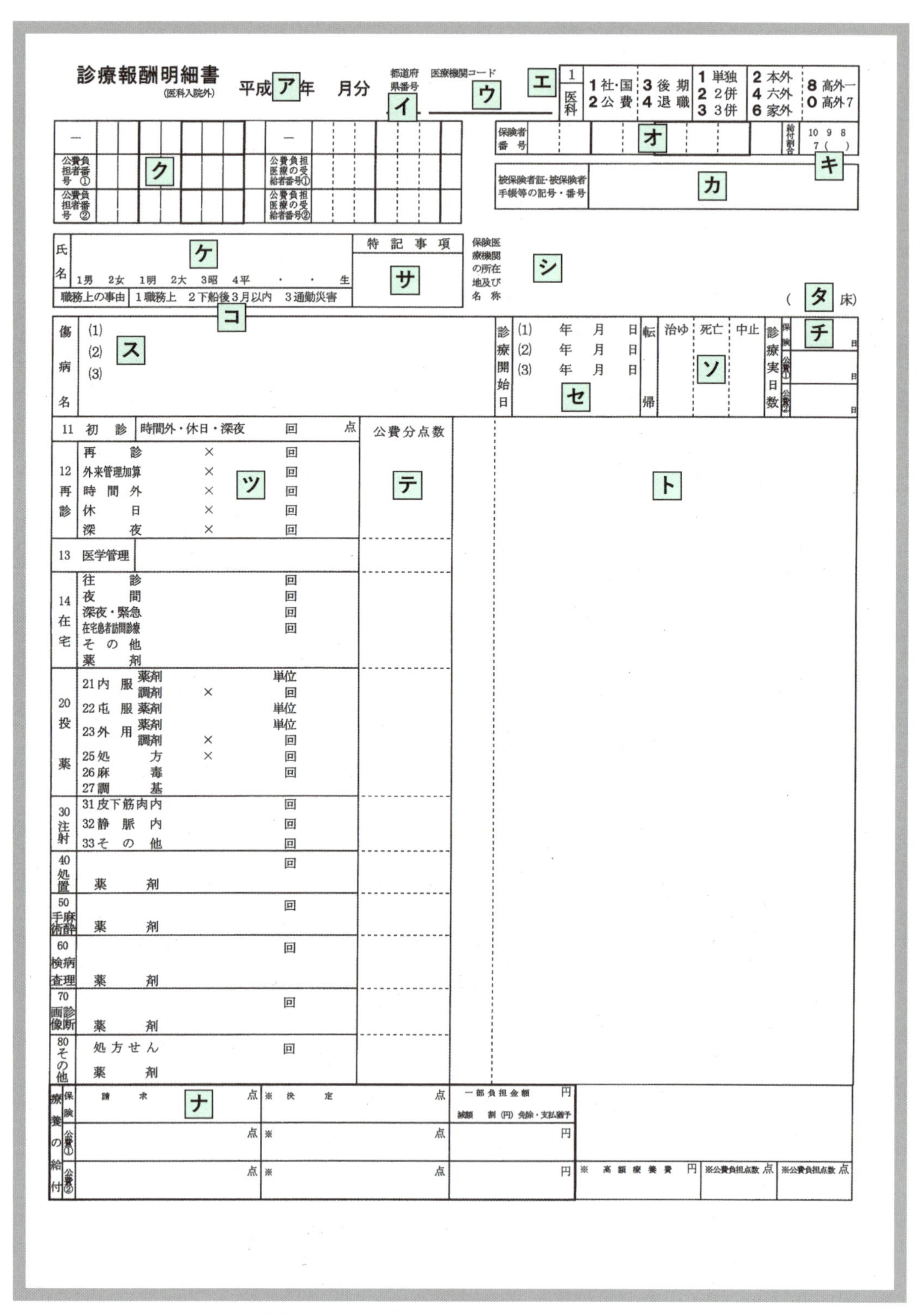

診療報酬明細書
(医科入院外)

平成 ア 年　月分

都道府県番号 イ　医療機関コード ウ

エ

1 医科

1 社・国　2 公費

3 後期　4 退職

1 単独　2 2併　3 3併

2 本外　4 六外　6 家外

8 高外一　0 高外7

保険者番号 オ

給付割合 10 9 8 7( )

キ

公費負担者番号① ク

公費負担医療の受給者番号①

公費負担者番号②

公費負担医療の受給者番号②

被保険者証・被保険者手帳等の記号・番号 カ

氏名 ケ

1男 2女 1明 2大 3昭 4平 ・ ・ 生

職務上の事由 1職務上 2下船後3月以内 3通勤災害

コ

特記事項 サ

保険医療機関の所在地及び名称 シ

(タ 床)

傷病名 (1) (2) (3) ス

診療開始日 (1) 年 月 日 (2) 年 月 日 (3) 年 月 日 セ

転帰 治ゆ 死亡 中止 ソ

診療実日数 保険 日 公費① 日 公費② 日 チ

11 初診 時間外・休日・深夜 回 点

12 再診
再診 × 回
外来管理加算 × 回
時間外 × 回
休日 × 回
深夜 × 回
ツ

公費分点数 テ

ト

13 医学管理

14 在宅
往診 回
夜間 回
深夜・緊急 回
在宅患者訪問診療 回
その他
薬剤

20 投薬
21内服 薬剤 単位
調剤 × 回
22屯服 薬剤 単位
23外用 薬剤 単位
調剤 × 回
25処方 × 回
26麻毒 回
27調基

30 注射
31皮下筋肉内 回
32静脈内 回
33その他 回

40 処置 回
薬剤

50 手術麻酔 回
薬剤

60 検査病理 回
薬剤

70 画像診断 回
薬剤

80 その他
処方せん 回
薬剤

療養の給付
保険 請求 点 ナ ※決定 点 一部負担金額 円 減額 割(円) 免除・支払猶予
公費① 点 ※ 点 円
公費② 点 ※ 点 円
※高額療養費 円 ※公費負担点数 点 ※公費負担点数 点

図表 1-7　診療報酬明細書（医科入院外）

図表 1-8　診療報酬明細書の記載内容（医科入院外）

記号	記載する内容
ア	診療年と診療月
イ	保険医療機関の所在する都道府県番号（都道府県番号表による）
ウ	医療機関コード（保険医療機関ごとに定められた7桁のコード）
エ	保険種別及び本人・家族等の別、高齢受給者・後期高齢者負担割合の別
オ	保険者番号（患者の被保険者証で確認）
カ	被保険者証等の記号・番号（患者の被保険者証で確認）
キ	国民健康保険及び退職者医療の場合の給付割合（患者の被保険者証で確認）
ク	公費負担者番号及び受給者番号（患者の公費負担医療の受給資格を証明するもので確認）
ケ	患者氏名、性別、生年月日
コ	職務上の事由か否か（船員保険の被保険者・共済組合の船員組合員の場合）
サ	特記事項に該当する場合のコード（2桁）と略号（例：10 第三）
シ	保険医療機関の所在地及び名称（連絡先電話番号を併せて記載することが望ましい）
ス	傷病名
セ	傷病名に対応する診療開始年月日
ソ	転帰（治ゆ・死亡・中止の場合）
タ	病床数（算定した診療内容に病床数が関連する場合）
チ	1ヶ月間の診療実日数（公費負担医療に該当する場合は①②に挙げる）
ツ	会計欄（診療行為等の名称又は略称・所定点数・回数及び合計点数）
テ	公費負担医療に係る点数を再掲（「ツ」の会計欄にいったん計上）
ト	摘要欄（診療行為等の名称、点数及び回数等）
ナ	1ヶ月間の診療合計点数（公費負担医療に該当する場合は①②に挙げる）

診療明細書

入院外　保険

患者番号	○○○○	氏名	大 学 教 子	受診日	平成30年10月2日
受診科	皮膚科				

部	項 目 名	点 数	回 数
初診料	＊初診料	282	1
医学管理等	＊薬剤情報提供料	10	1
投薬	＊ビオフェルミン配合散 3.0		
	レスタミンコーワ錠10mg 3T	4	3
	＊レスタミンコーワクリーム1% 20g	6	1
	＊外来内服・屯服調剤料	9	1
	＊外来　外用調剤料	6	1
	＊処方料	42	1
	＊調剤技術基本料	8	1
注射	＊強力ネオミノファーゲンシー静注20ml 1A	44	1
	【以下余白】		

図表 1-9　医療費明細書（見本）

（領収書等の交付）
第５条の２　保険医療機関は、前条の規定により患者から費用の支払を受けるときは、正当な理由がない限り、個別の費用ごとに区分して記載した領収証を無償で交付しなければならない。

このように保険医療機関に交付が義務付けられる領収証は、医科診療報酬点数表の各部単位で、金額の内訳が分かるものとされています（図表1－10）。

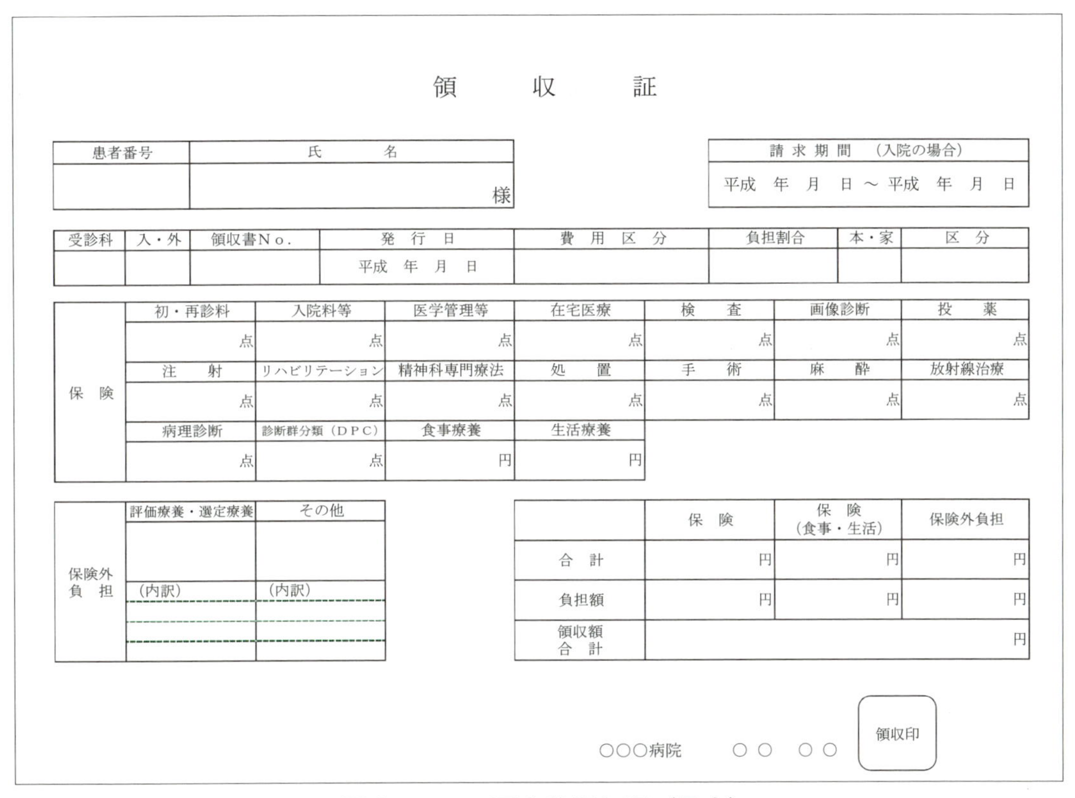
領　　収　　証

患者番号	氏　　名
	様

請求期間　（入院の場合）
平成　年　月　日 ～ 平成　年　月　日

受診科	入・外	領収書No.	発　行　日	費　用　区　分	負担割合	本・家	区　分
			平成　年　月　日				

	初・再診料	入院料等	医学管理等	在宅医療	検　査	画像診断	投　薬
保　険	点	点	点	点	点	点	点
	注　射	リハビリテーション	精神科専門療法	処　置	手　術	麻　酔	放射線治療
	点	点	点	点	点	点	点
	病理診断	診断群分類（DPC）	食事療養	生活療養			
	点	点	円	円			

	評価療養・選定療養	その他
保険外負担		
	（内訳）	（内訳）

	保　険	保　険（食事・生活）	保険外負担
合　計	円	円	円
負担額	円	円	円
領収額合計			円

○○○病院　○○　○○　領収印

図表1－10　医療費領収証（見本）

(4) 診療録から診療報酬明細書、医療費領収証まで

それでは、診療録に記載された診療内容から作成された診療報酬明細書（レセプト）を見てみましょう。

患者の黒木ゆうさんは、他院からの紹介により初めて来院しました。まず、診察（①初診）が行われ、医師の診断名（右前腕皮膚腫瘍）から手術の必要性が認められました。そのため、術前検査（②検査）が行われました。検査の結果、手術施行に問題なしと判断され、手術（③手術）が行われました。手術で摘出された腫瘍は悪性の疑いがないかを調べるために、組織の状態を顕微鏡で詳しく観察する検査（④病理診断）に依頼されました。術後に創部が痛む可能性があるので、薬が処方（⑤処方箋）されました。なお、この薬は保険薬局で受け取ります。これらの診療行為は、診療録に図表 1－11 のように記載されます。

診療録に記載された診療行為（①～⑤）は、診療報酬明細書（レセプト）に図表 1－12 のように記載されます。それぞれの診療行為がレセプトのどの部分にあたるのかを確認してみましょう。

また、黒木ゆうさんは、診療が終了した後、会計窓口で本日の医療費の一部負担金を支払いました。その医療費領収証は図表 1－13 のとおりです。

本日の医療費合計点数は「6,007 点」です。したがって、本日の医療費合計金額は 1 点＝ 10 円ですから 6,007 点× 10 円＝「60,070 円」になります。しかし、黒木ゆうさんは来院時に受付窓口へ被保険者証を提示していますので、60,070 円の 3 割分（60,070 円× 30％）である 18,020 円（1 円の位は四捨五入）を窓口で支払ったということが分かります。

医　科　診　療　録

公費負担者番号		保険者番号	3 4 1 3 0 0 2 1
公費負担医療の受給者番号		記号・番号	33A0009・00886
受診者 氏名	黒木ゆう	有効期限	
		被保険者氏名	黒木ゆう
受診者 生年月日	昭和63年1月19日　男・㊛	資格取得	
受診者 住所		事業所 所在地	岡山県倉敷市
		事業所 名称	××学園
受診者 職業	被保険者との続柄：本人	保険者 所在地	東京都文京区湯島
		保険者 名称	○○○○事業団

傷病名	職務	開始	終了	転帰	期間満了予定日
右前腕皮膚腫瘍（主）	上・下	平成 30 年 10 月 4 日	平成　年　月　日	治ゆ・死亡・中止	年　月　日
	上・下	平成　年　月　日	平成　年　月　日	治ゆ・死亡・中止	年　月　日

既往症・原因・主要症状・経過等	処方・手術・処置等
平成 30 年 10 月 4 日（木）10：00 来院 ―― ① 初めての診察 ⇒ 初診 ○○クリニックより紹介来院 S）右腕にできものができている 　最近、徐々に大きくなり心配になって来院 　痛み（－） O）右前腕部に腫瘍　長径約 2 cm A）右前腕皮膚腫瘍 P）手術にて切除 　→病理検査へ 形成外科　飯田	平 30 年 10 月 4 日（木） 術前検査 ―― ② 検査 ・末梢血液一般検査，末梢血液像（自動機械法） ・ＣＲＰ ・ＨＢｓ抗原，ＨＣＶ抗体定性・定量 ・心電図 ③ 手術 ・皮膚皮下腫瘍摘出術（右前腕）2 cm 　大塚生食注　500 mℓ　IV 　テルモ生食　100 mℓ　1 袋 　キシロカイン注射液「0.5%」エピレナミン含有 IV ・病理組織標本作製 ―― ④ 病理診断 ・院外処方箋 ―― ⑤ 処方箋 　Ｒｐ）レボフロキサシン錠 250 mg 2Ｔ 　　　セレコックス錠 20 mg　2Ｔ 　　　　2×朝夕食後　3 日分

図表 1－11　診療録（黒木ゆう）

診療報酬明細書（医科入院外）　平成30年10月分

都道府県番号 27　医療機関コード 0101222

1 医科　①社・国　3 後期　2 公費　4 退職　①単独　2 2併　3 3併　②本外　4 六外　6 家外　8 高外一　0 高外7

保険者番号 34130021　給付割合 10 9 8 7（ ）

公費負担者番号①　公費負担医療の受給者番号①

公費負担者番号②　公費負担医療の受給者番号②

被保険者証・被保険者手帳等の記号・番号 33A0009・00886

氏名 黒木ゆう　1男 ②女　1明 2大 ③昭 4平 63・1・19生

職務上の事由　1職務上　2下船後3月以内　3通勤災害

特記事項

保険医療機関の所在地及び名称　大阪府大阪市××××　○○病院　（　床）

傷病名 (1) 右前腕皮膚腫瘍（主）　(2)　(3)

診療開始日 (1) 30年10月4日　(2) 年 月 日　(3) 年 月 日

転帰 治ゆ 死亡 中止

診療実日数 保険 1日　公費① 日　公費② 日

① 初めての診察 ⇒ 初診料

区分	項目	回数	点数
11 初診	時間外・休日・深夜	1回	282点
12 再診	再診	× 回	
	外来管理加算	× 回	
	時間外	× 回	
	休日	× 回	
	深夜	× 回	
13 医学管理			
14 在宅	往診	回	
	夜間	回	
	深夜・緊急	回	
	在宅患者訪問診療	回	
	その他		
	薬剤		
20 投薬	21 内服 薬剤	単位	
	調剤	× 回	
	22 屯服 薬剤	単位	
	23 外用 薬剤	単位	
	調剤	× 回	
	25 処方	× 回	
	26 麻毒	回	
	27 調基		
30 注射	31 皮下筋肉内	回	
	32 静脈内	回	
	33 その他	回	
40 処置		回	
	薬剤		
50 手術麻酔		1回	3,670
	薬剤		51
60 検査病理		11回	1,936
	薬剤		
70 画像診断		回	
	薬剤		
80 その他	処方せん	1回	68
	薬剤		

公費分点数

①' 初診料点数

③' 手術料点数

②' ④' 検査・病理診断料点数

⑤' 処方箋料点数

区分	内容	点数×回数
50	皮膚皮下腫瘍摘出術（露出部）（右前腕）4日	3,670×1
	大塚生食注 500ml 1V	
	テルモ生食 100ml 1袋	
	キシロカイン注射液「0.5%」エピレナミン含有 1V	51×1
60	末梢血液一般検査	26×1
	末梢血液像（自動機械法）	15×1
	CRP	16×1
	HBs抗原	29×1
	HCV抗体定性・定量	111×1
	心電図（12）	130×1
	病理組織標本作製（1臓器）	860×1
	組織診断料	450×1
	血液学的検査判断料	125×1
	免疫学的検査判断料	144×1
	血液採取料（静脈）	30×1
80	処方箋料「3」	68×1

③ 手術料内訳

② 検査料内訳

④ 病理診断料内訳

⑤ 処方箋料

療養の給付	請求	※決定	一部負担金額
保険	6,007点	点	円　減額 割（円）免除・支払猶予
公費①	点	点	円
公費②	点	点	円

※高額療養費 円　※公費負担点数 点　※公費負担点数 点

図表1-12　診療報酬明細書（黒木ゆう）

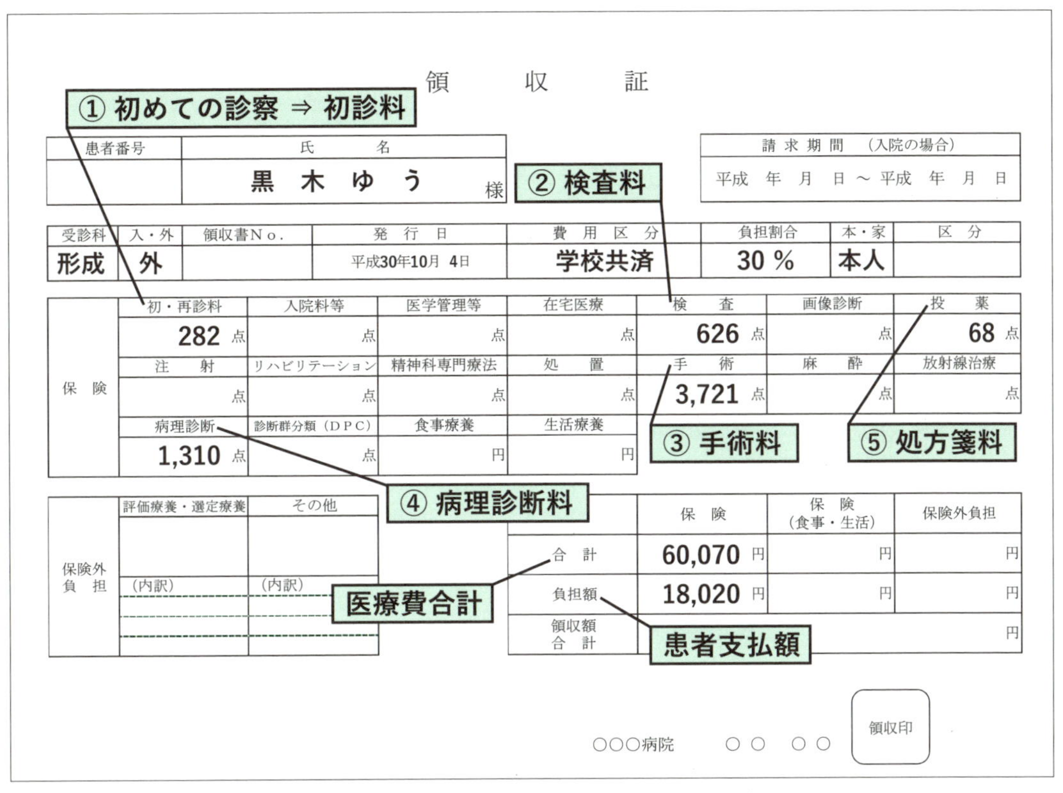

領　　収　　証

患者番号	氏　名
	黒　木　ゆ　う　様

請求期間（入院の場合）
平成　年　月　日 ～ 平成　年　月　日

受診科	入・外	領収書No.	発行日	費用区分	負担割合	本・家	区分
形成	外		平成30年10月 4日	学校共済	30 %	本人	

保険	初・再診料	入院料等	医学管理等	在宅医療	検査	画像診断	投薬
	282 点	点	点	点	626 点	点	68 点
	注射	リハビリテーション	精神科専門療法	処置	手術	麻酔	放射線治療
	点	点	点	点	3,721 点	点	点
	病理診断	診断群分類（DPC）	食事療養	生活療養			
	1,310 点	点	円	円			

保険外負担	評価療養・選定療養	その他
	（内訳）	（内訳）

	保険	保険（食事・生活）	保険外負担
合計	60,070 円	円	円
負担額	18,020 円	円	円
領収額合計			円

○○○病院　○○　○○　領収印

図表 1-13　医療費領収証（黒木ゆう）

3. 診療報酬の審査

(1) 診療内容の点検・審査および審査後の事務処理

保険医療機関は、患者の1か月分の診療内容をまとめて記載した診療報酬明細書を作成し、患者の一部負担金（自己負担金）を控除した部分の医療費を保険者に対して請求します。この診療報酬明細書は診療月の翌月の10日までに審査支払機関（支払基金および国保連合会）に提出することになっています。

審査支払機関では、診療報酬明細書が提出されると、まず事務点検が行われます。診療報酬明細書の記載事項の不備や請求誤りの有無などを点検し、不備があれば返戻（へんれい）、点数を誤って算定したものについては訂正（増点および減点）が行われます。

返戻とは、提出した診療報酬明細書が審査支払機関から保険医療機関に戻されることをいい、「返戻内訳書」という書面で保険医療機関に通知されます。この場合、返戻を受けた保険医療機関は記載不備などを修正後に、次月請求分と併せて再度提出することができます。

この事務点検が終了後、診療報酬明細書は審査委員会に回されます。審査委員会は診療担当者代表、保険者代表、学識経験者の3者から構成されており、合議制で行われています。ここでは、診療内容について療養担当規則に照らし合わせて合致しているか、診療報酬の算定ルールに則ったものであり誤りがないかなどを審査し、診療内容等が妥当だと判断されなかった場合には「査定」が行われます。

なお、支払基金による審査では、平成24年3月から「突合点検」や「縦覧点検」が行われています。突合点検とは、同一保険医療機関の同一患者における同一月の医科の診療報酬明細書と保険薬局から提出された調剤報酬明細書を突き合わせて診療内容の点検を行うものです。例えば、患者Tさんの平成30年10月分における保険医療機関から提出された「診療報酬明細書」と保険薬局から提出された「調剤報酬明細書」を突き合わせて審査を行うというものです。また縦覧点検とは、同一保険医療機関における同一患者の診療報酬明細書（入院・入院外）を過去複数月分の診療報酬明細書等と照合して点検を行うものです。例えば、同一保険医療機関における患者Jさんの平成30年5月分～7月分の診療報酬明細書を突き合わせて審査を行う等です。このように、現在はかなり入念な審査が実施されています。

審査支払機関は事務点検や診療内容の審査が終了し、保険医療機関への支払額が決定すると保険者に対してその額を請求します。その後、保険者から請求額が収納されると保険医療機関に対し支払いを行います。なお、診療報酬の支払いは保険医療機関が診療報酬明細書を審査支払機関に提出（診療月の翌月10日まで）した後、診療内容の審査等を経て、診療月の翌々月の21日までに行われますので、診療報酬の請求から支払いまで約2か月を要します。

審査において増点や減点が行われた場合には、提出月の月末までに「増減点連絡書」により保険医療機関に報告が行われます。増減点連絡書の内容に異議がある場合は、再審査の申し立てができることになっています。

(2) 保険者における診療内容の点検

審査支払機関で審査が終了した診療報酬明細書は、その後保険者へ送付されます。送付された診療報酬明細書は、保険者においても再度診療内容等の点検が実施されます。この審査により受給資格がないものや不当と思われるものが発見された場合、再度審査支払機関に審査請求を依頼します。審査支払機関が再審査を認めた場合には、保険医療機関への診療報酬の支払い予定金額から該当する診療報酬明細書分の支払い額が控除されることになっています。

(3) 受付窓口で大切なこと

これまで診療報酬の審査に関連することを述べました。審査終了後、審査支払機関から「資格喪失後の受診」「記号・番号の誤り」「給付割合の不備」という理由で、毎月多くのレセプトが保険医療機関に返戻されています。例えば、患者が保険の受給資格を喪失したにもかかわらず、その申し出もなく受診したという場合もありますが、まずは受付窓口で被保険者証を提示された際に、「保険診療を受ける資格があるか」をしっかり確認する必要があります。

なお、受給資格の確認に関しては、保険医療機関及び保険医療養担当規則第1章（保険医療機関の療養担当）第3条に次のように規定されています。

（受給資格の確認）
第3条　保険医療機関は、患者から療養の給付を受けることを求められた場合には、その者の提出する被保険者証によって療養の給付を受ける資格があることを確かめなければならない。（後略）

診療報酬明細書
(医科入院外)　平成　年　月分

都道府県番号　医療機関コード

1 医科	1 社・国 2 公費	3 後期 4 退職	1 単独 2 2併 3 3併	2 本外 4 六外 6 家外	8 高外一 0 高外7

公費負担者番号①　公費負担医療の受給者番号①
公費負担者番号②　公費負担医療の受給者番号②

保険者番号　給付割合 10 9 8 7( )

被保険者証・被保険者手帳等の記号・番号

この部分に被保険者証で確認した保険者番号、記号・番号を記入する

氏名　1男 2女 1明 2大 3昭 4平 ・ ・ 生
特記事項
保険医療機関の所在地及び名称
職務上の事由　1職務上 2下船後3月以内 3通勤災害
(床)

傷病名	診療開始日	転帰	診療実日数
(1)	(1) 年 月 日	治ゆ 死亡 中止	保険 日
(2)	(2) 年 月 日		公費① 日
(3)	(3) 年 月 日		公費② 日

区分	項目		公費分点数
11 初診	時間外・休日・深夜	回 点	
12 再診	再診 × 回 外来管理加算 × 回 時間外 × 回 休日 × 回 深夜 × 回		
13 医学管理			
14 在宅	往診 回 夜間 回 深夜・緊急 回 在宅患者訪問診療 回 その他 薬剤		
20 投薬	21 内服 薬剤 単位 調剤 × 回 22 屯服 薬剤 単位 23 外用 薬剤 単位 調剤 × 回 25 処方 × 回 26 麻毒 回 27 調基		
30 注射	31 皮下筋肉内 回 32 静脈内 回 33 その他 回		
40 処置	回 薬剤		
50 手術麻酔	回 薬剤		
60 検査病理	回 薬剤		
70 画像診断	回 薬剤		
80 その他	処方せん 回 薬剤		

療養の給付	請求	※決定	一部負担金額
保険	点	※ 点	円 減額 割(円) 免除・支払猶予
公費①	点	※ 点	円
公費②	点	※ 点	円

※ 高額療養費 円　※公費負担点数 点　※公費負担点数 点

図表1-14　診療報酬明細書（医科入院外）

このように、本来は療養の給付（診療）を求められた際に、毎回被保険者証を確認しなければならないことになっています。確認した被保険者証の番号は、診療報酬明細書の右上部に記載します（図表 1-14）。受付窓口での確認を疎かにすると、誤った保険者番号や記号・番号を記載した診療報酬明細書を審査支払機関に提出してしまい（＝誤った請求書を提出する）、返戻につながってしまいます。診療報酬明細書が返戻される（＝医療費の請求書が戻される）ということは、請求した金額が保険医療機関に入金されないことになりますので注意しましょう。

(4) 診療報酬請求権の時効

保険医療機関が保険者に対して行う診療報酬の請求権の時効は、民法第 170 条の規定にもとづき 3 年間と決められています。なお、消滅時効の起算日は、医保の場合、診療月の翌月 1 日となっています。

> 第 170 条（三年の短期消滅時効）
> 次に掲げる債権は、三年間行使しないときは、消滅する。（中略）
> 一　医師、助産師又は薬剤師の診療、助産又は調剤に関する債権（後略）

参考文献

医学通信社（2018）『診療点数早見表［2018 年 4 月版］』，医学通信社
社会保険診療報酬支払基金ホームページ「診療報酬の審査」，http://www.ssk.or.jp/shinryohoshu/index.html，2018 年 7 月 31 日参照
社会保険研究所（2014）『新訂　医療事務の手引』，社会保険研究所
社会保険研究所（2016）『保険診療　基本法令テキストブック』，社会保険研究所
杉本恵申・佐藤麻菜（2016）『2016-17 年版　入門・診療報酬の請求』，医学通信社

第2章

初学者のための簿記講座

1. 簿記の基礎知識

(1) 簿記とは何か？

今後、病院が安定的な経営を維持していくためには、医療の質だけでなく「経営の質」も向上させなければなりません。そのためには、簿記の知識が必要不可欠です。一般に、経営の質は、利益という会計数値により評価されますが、その利益の計算システムのことを「簿記」といいます。つまり、簿記を知らずに経営の質を評価することはできないのです。

(2) 簿記の役割

最初に言っておきます。書店には「短期間でわかる」と書かれた簿記のテキストが並んでいますが、簿記はそれほどやさしくありません。簿記は、あるとき誰かが発明したものではなく、中世イタリアの商人たちの商慣行から生まれ、少なくとも600年以上の歴史があります。現在では、簿記は、単に利益計算をするだけでなく、病院経営のための意思決定に役立つ会計情報を提供するという重要な役割も担っています。

(3) 単式簿記と複式簿記

簿記には、「単式簿記」と「複式簿記」があります。単に「簿記」といった場合、複式簿記のことを指します。複式簿記は、すべての取引を「原因」と「結果」の二面性に着目し、同じ金額を2回記入する記帳法です。例えば、お母さんが子供にお小遣いをあげ、家計簿にお小遣いの金額を記入したとします。この場合、記入される金額は1回ですので、単式簿記による記帳法です。次に、お母さんと同様に、子供もお小遣いの金額をお小遣い帳に記入していたとします。この場合、記入される金額は

2回ですので、複式簿記による記帳法です。複式簿記による記帳法では、2人の間でお小遣いをあげた、もらっていない、という問題が起こりません。これは、複式簿記の検証可能性という機能が働いているからです。

(4) 勘定

「はじめに勘定ありき」という有名な経済学者（ゾンバルト）の言葉があるように、まさしく簿記は「勘定」なくして成立しませんでした。簿記の計算は、すべて勘定による計算思考を通じて行われます。図表2-1は、勘定の様式を示しています。勘定の左側は「借方（かりかた）」、右側は「貸方（かしかた）」と呼ばれます。

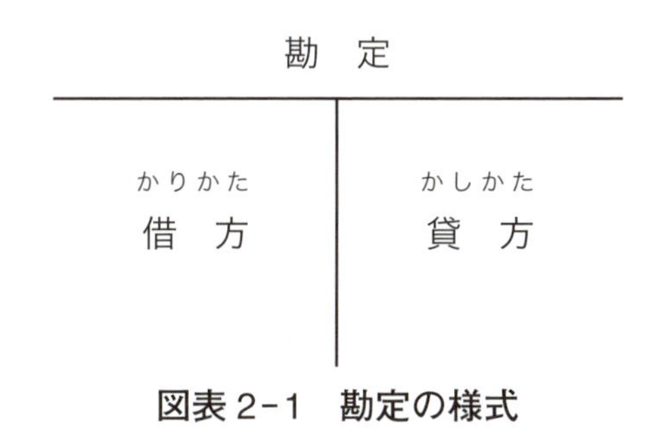

図表2-1　勘定の様式

すべての取引は、「ある勘定の借方」と「別の勘定の貸方」に同じ金額が記入されます。これを「貸借平均の原理」といいます。図表2-2は、現金で車両300を購入した場合の勘定の記入方法を示しています。現金300が減少した代わりに、車両300が増加したことを意味しています。勘定のタイトルには、「現金」「土地」「借入金」「入院診療収益」「給料」など、内容が一目でわかる名称が付いています。これらの名称を「勘定科目」といいます。それぞれの勘定科目については、第4章で詳しく解説していきます。

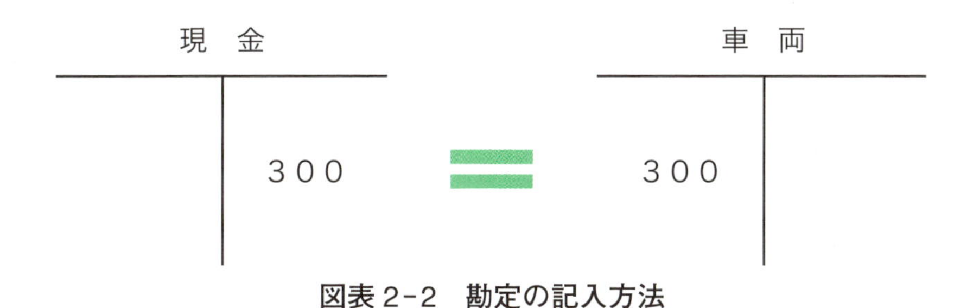

図表2-2　勘定の記入方法

(5) 集合勘定

簿記において、それぞれの勘定科目は、取引の内容を示す最小の単位です。すべての取引は、まず、それぞれの勘定科目に記録されます。そして、会計期間の終わり（期末）には、それぞれの勘定科目の残高は、同じ性質の勘定ごとにまとめて集計されます。これらの集計する勘定のことを「集合勘定」といいます。集合勘定は、「財務諸表」や「決算書」とも呼ばれます。図表 2-3 は、集合勘定の作成過程を示しています。集合勘定は、日々の取引を集計した最終結果として作成されるというのがポイントです。

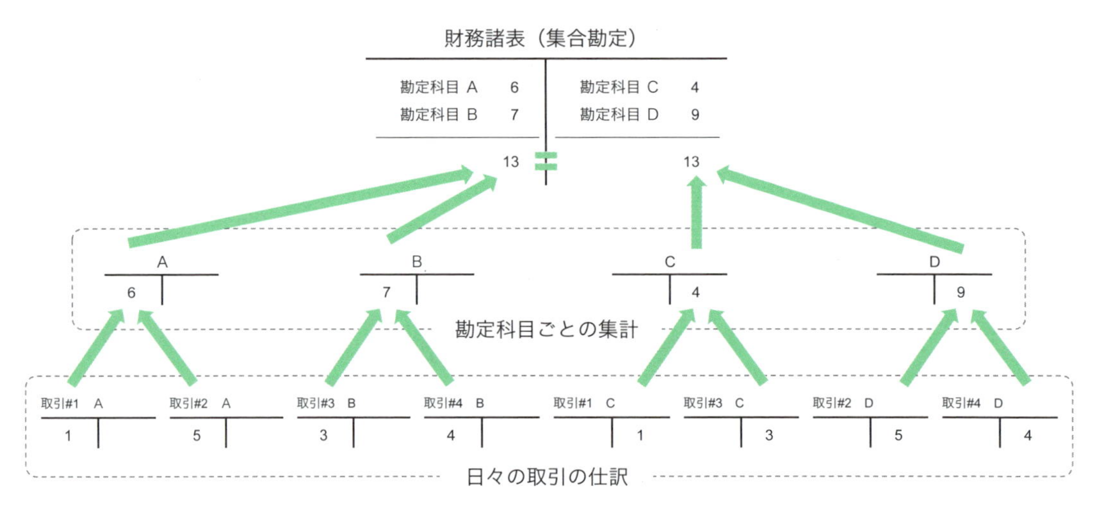

図表 2-3 集合勘定の作成過程

2. 簿記の計算システム

(1) 簿記の一連の流れ

簿記は、日々の取引をお金に換算して利益を計算するための技術です。簿記の一連の流れは、図表 2-4 のようになります。まず、会計期間の途中（期中）に発生した取引を「仕訳」します。次に、仕訳にもとづいて「試算表」を作成します。そして、会計期間の終わり（期末）に「決算整理」を行い、財務諸表を作成します。

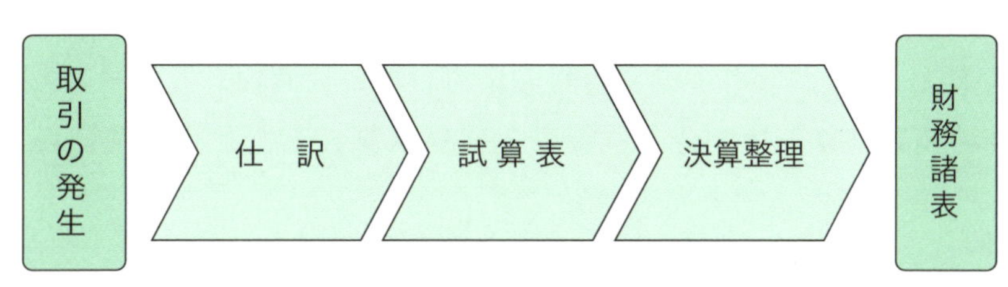

図表 2-4　簿記の一連の流れ

(2) 仕訳

勘定は、それぞれ一冊ごとの帳面（帳簿）になっています。そのため、取引が発生する都度、それらの帳簿を開いて記入するのは大変な労力であり、また、間違いも起こりやすくなります。このような問題を解決する方法として「仕訳」があります。仕訳とは、発生した取引の内容を一冊の帳簿（仕訳帳）に記入する作業のことをいいます。仕訳帳は、取引の発生順に記入していきますので、過去の取引内容の一覧として非常に役立ちます。そして、仕訳帳に記入された内容は、それぞれの勘定に転記されます。つまり、仕訳は、発生した取引の内容を正確に勘定に橋渡しする役割を担っています（図表 2-5）。

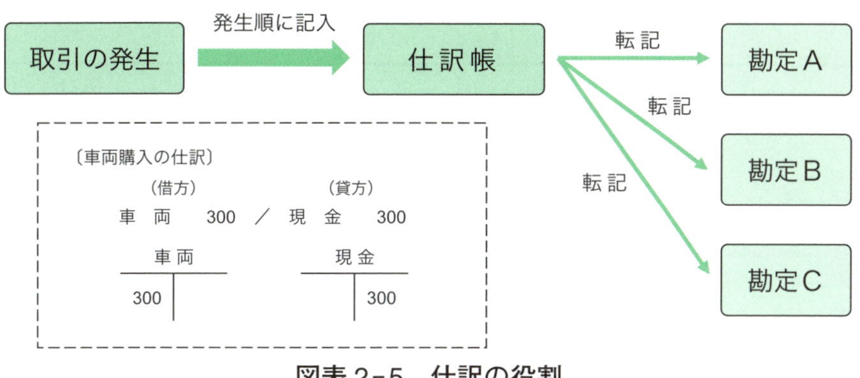

図表 2-5　仕訳の役割

(3) 試算表

貸借平均の原理により、発生した取引はすべて借方と貸方が同じ金額になるように勘定に記入されています。そのため、勘定の「借方合計」と「貸方合計」は常に一致します。もし、両者が一致しない場合には、仕訳帳から勘定への転記ミスがあることを意味しています。それを確認するために作成されるのが「試算表」です。決算整理前には試算表を必ず作成しなければなりません。一般に、試算表は、転記ミスがないかの確認と、経営状況の把握のために毎月作成します。

試算表の様式には、「合計試算表」「残高試算表」「合計残高試算表」の 3 種類があります。合計試算表は、それぞれの勘定の借方合計と貸方合計を集計した試算表です。残高試算表は、それぞれの勘定科目の借方合計と貸方合計の差額を集計した試算表です。合計残高試算表は、合計試算表と残高試算表をまとめた試算表です（図表 2-6）。

図表 2-6　合計残高試算表の様式例

借方		勘定科目	貸方	
残高	合計		合計	残高
60	160	現　　金	100	
30	135	医業未収金	105	
10	10	材　　料		
400	400	建　　物		
	120	買 掛 金	140	20
	20	借 入 金	280	260
		資 本 金	200	200
		診療収益	170	170
35	35	材 料 費		
85	85	給 与 費		
30	30	経　　費		
650	995		995	650

(4) 決算整理

病院は、会計期間の終わり（期末）に決算を必ず行わなければなりません。決算とは、1年間で獲得した利益を計算し、財務諸表を作成することです。会計期間の途中（期中）に発生した取引は、すべて試算表に集計されています。決算時には、適正な「期間損益計算」の観点から、試算表のいくつかの勘定を修正し、財務諸表を作成します。決算時に行われる一連の作業のことを「決算整理」といいます。

3. ステップアップ講座——期間損益計算——

ここからは、ステップアップ講座として、適正な「期間損益計算」のために、どのようなことが行われるかを説明します。内容が少し難しくなりますが、簿記を理解するうえで必要な知識ですので、がんばって勉強していきましょう。

期間損益計算とは、その会計期間に「支払うべき費用」と「受け取るべき収益」を計算することです。今日の簿記の計算システムでは、会計期間の途中（期中）に発生した取引は「支払った費用」と「受け取った収益」として記録されます。そのため、決算整理によって、その会計期間に「支払った費用」と「受け取った収益」に適切な修正を加えて、「支払うべき費用」と「受け取るべき収益」を計算する必要があります。

適正な期間損益計算のために行われる主な決算整理は、次のとおりです。

①減価償却……販売する目的以外、つまり事業で使用する目的で購入した建物、機械、備品などの当期の価値減少額（土地を除く）。

②貸倒引当金……売掛金（医業未収金）の翌年度以降の見積り回収不能額。

③経過勘定……時の経過とともに発生する費用と収益を計上するための勘定科目。

それでは、それぞれの決算整理について、少し詳しく勉強していきましょう。

(1) 減価償却

減価償却の対象となるのは、事業で使用する目的で購入した建物、機械、備品などです。ここでは、減価償却とは何かを、CTやMRIなどの医療機器を例に説明していきます。

一般に、病院は、収益を上げるために医療機器を何年も使用します。そして、それらの医療機器は、いずれ陳腐化または故障により使用することが難しくなります。使用できなくなった医療機器は、収益を上げるために何年も貢献したので、費用となります。

さて、それでは使用できなくなった会計年度に、一括して費用とするのでしょうか。それは何かおかしいと思いませんか。なぜなら、医療機器は使用できなくなった会計年度に、急に価値が失われたわけではなく、何年も使用されている間に徐々に価値が減少したと考えるのが理にかなっています。そこで、今日の簿記の計算システムでは、収益を上げるのに貢献した年数に応じて、医療機器の原価（購入額）を徐々に費用化します。

しかし、毎年徐々に費用化するといっても、実際にその医療機器が何年使用できるかは、購入の時点ではわかりません。そこで、実務では、税法に規定される耐用年数に従って費用化します。

図表2-7は、医療機器600（耐用年数6年）が減価償却により費用化されていく過程を示しています。医療機器の帳簿価額は、毎年100ずつ費用化されていきます。医療機器は、最終的に帳簿上での資産価値が0になります。実務では、備忘価額といって、資産の存在を忘れないように、帳簿価額を0ではなく1だけ残す場合があります。

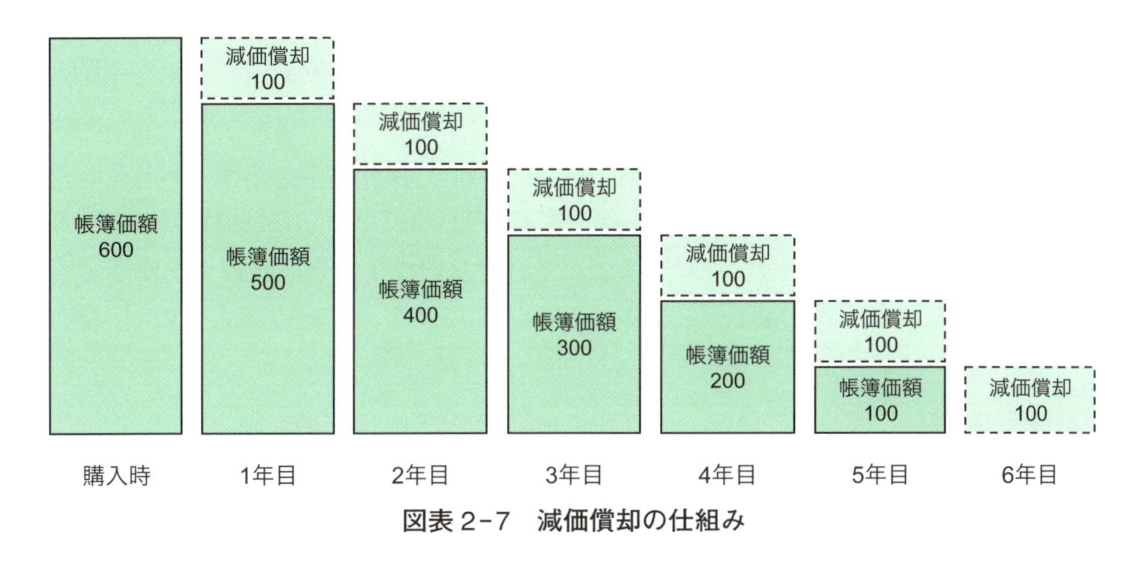

図表2-7　減価償却の仕組み

〔豆知識：自己金融効果〕

減価償却費は、材料費、給料、水道光熱費、宣伝広告費などの他の費用と違い、支出を伴わない会計理論上の費用です。この支出を伴わない費用を計上することにより、その計上額だけ利益が減り、税金などの支出を抑えることができます。その結果、病院には、減価償却費の累計額だけ資金が蓄積されることになります。例えば、図表2-7の例では、毎年100ずつ病院に資金が蓄積されていきます。耐用年数どおり6年でその医療機器が使用できなくなっても、理論上、病院には新しく医療機器を買い換えるだけの資金があることになります。これを減価償却の「自己金融効果」といいます。

(2) 貸倒引当金

企業経営では、得意先の経営不振や倒産によって、売掛金の全額または一部が回収できない場合があります。これを「貸倒れ」といいます。病院経営の場合は、何かしらの理由により患者さんから治療費（医業未収金）が回収できない場合を貸倒れとして扱います。

もし、患者さんを治療したその会計期間内に貸倒れが発生した場合は、収益と費用（貸倒損失）の計上が同じ会計期間に行われるので問題がありません。しかし、数年前に治療した患者さんの医業未収金が今年度に貸倒れた場合はどうでしょうか。収益は数年前に計上しているのに、その収益に対応する費用は今年度に計上することになり、適正な期間損益計算の観点から問題があります。

そこで、あらかじめ医業未収金の翌年度以降の回収不能額を過去の経験から合理的に見積ることができる場合に、その見積額を「貸倒引当金繰入」という費用として計上します。しかし、実際には、医業未収金は貸倒れていないため、医業未収金を直接減額することはできません。そこで、会計理論上の負債である「貸倒引当金」を計上し、医業未収金から間接的に控除することで、財務諸表に貸倒れ金額を反映させます。

(3) 経過勘定

適正な期間損益計算を行うためには、その会計期間における費用と収益を対応させなければなりません。これを「費用収益対応の原則」といいます。経過勘定は、その考えを端的に表しています。経過勘定とは、継続してサービスの提供を受ける場合や、サービスの提供を行う場合に、適正な期間損益計算の観点から、費用と収益を修正するために計上する勘定科目です。経過勘定には、「見越し」と「繰延べ」があります。

〔経過勘定の見越し〕

まず、経過勘定の見越しについて説明していきます。経過勘定の見越しでは、「未払費用」「未収収益」という勘定科目を計上します。例えば、A病院がB社とインターネット回線を「月額利用料10を翌月20日に後払いする」という内容で契約している場合を例に考えてみましょう。この場合、A病院は、会計期間の最終月（決算月）のインターネット回線の利用料10を翌月20日に後払いするため、すでにサービスの提供を受けたにもかかわらず、費用に計上していません。これでは、適正な期間損益計算の観点から問題があります。そこで、A病院は「未払費用」という会計理論上の負債を計上して、利用料10を費用に計上することで、適正な期間損益計算を行います。一方、B社もA病院と会計期間が一緒であれば、B社はすでにサービスの提供を行ったにもかかわらず、利用料10を収益に計上していないというA病院と同様の問題が起こります。そこで、B社は「未収収益」という会計理論上の資産を計上して、利用料10を収益に計上します。

〔経過勘定の繰延べ〕

次に、経過勘定の繰延べについて説明していきます。経過勘定の繰延べでは、「前払費用」「前受収益」という勘定科目を計上します。例えば、A病院がC社と損害保険を「年額保険料120を契約日に前払いする」という内容で契約している場合を例に考えてみましょう。A病院、C社ともに決算日は3月末日であり、損害保険の契約日は2月1日とします。この場合、A病院は、翌期の損害保険料100（10か月分）を契約日に前払いしているため、まだサービスの提供を受けていないにもかかわらず、費用に計上しています。そこで、A病院は「前払費用」という会計理論上の資産を計上して、保険料100を費用から減額します。一方、C社はまだサービスの提供を行っていないにもかかわらず、保険料100を収益に計上しているというA病院と同様の問題が起こります。そこで、C社は「前受収益」という会計理論上の負債を計上して、保険料100を収益から減額します。

4. 簿記のゴール

簿記のゴールは、これまで勉強してきた簿記の計算システムにもとづいて、「貸借対照表（図表 2-8）」と「損益計算書（図表 2-9）」という計算書類を作成することです。貸借対照表は病院の財産の状態を示し、損益計算書は病院の経営活動の成果を示します。これらの計算書類を総称して「財務諸表」といいます。

病院が財務諸表を作成する目的は2つあります。1つは、病院経営者が病院の経営状態を会計数値というモノサシで適切に評価し、安定的な病院経営を維持するためです。もう1つは、病院の1年間の経営活動の成果を行政機関に報告する義務を果たすためです。

次章では、財務諸表を使用した病院経営の評価手法である「経営分析」について詳しく説明していきます。

図表 2-8　貸借対照表の様式例

科目	金額	科目	金額
(資産の部)		(負債の部)	
流動資産		流動負債	
現金及び預金	×××	買掛金	×××
医業未収金	×××	未払金	×××
医薬品	×××	短期借入金	×××
診療材料	×××	従業員預り金	×××
給食用材料	×××	その他の流動負債	×××
貯蔵品	×××	流動負債合計	×××
その他の流動資産	×××	固定負債	
貸倒引当金	△×××	長期借入金	×××
流動資産合計	×××	退職給付引当金	×××
固定資産		その他の固定負債	×××
建物	×××	固定負債合計	×××
構築物	×××	負債合計	×××
医療用器機備品	×××	(純資産の部)	
車両	×××	純資産額	×××
土地	×××	うち、当期純利益	×××
固定資産合計	×××	純資産合計	×××
資産合計	×××	負債及び純資産合計	×××

図表 2-9　損益計算書の様式例

科目	金額	科目	金額
医業費用		医業収益	
材料費		入院診療収益	×××
医薬品費	×××	室料差額収益	×××
診療材料費	×××	外来診療収益	×××
給食用材料費	×××	保健予防活動収益	×××
給与費		その他の医業収益	×××
給料	×××	医業外収益	
法定福利費	×××	受取利息及び配当金	×××
委託費		患者外給食収益	×××
検査委託費	×××	臨時収益	
給食委託費	×××	固定資産売却益	×××
その他の委託費	×××		
設備関係費			
減価償却費	×××		
器機賃借料	×××		
経費			
福利厚生費	×××		
水道光熱費	×××		
医業外費用			
支払利息	×××		
臨時損失			
固定資産売却損	×××		
当期純利益	×××		
合計	×××	合計	×××

第3章

経営分析の世界へようこそ

1. はじめに

(1) 経営分析とは何か？

決算期シーズンになると、「A社、3年連続、増収増益達成」や、「B社、生産資材の値上がりで粗利率、前期比5%減少」など、新聞の経済面をにぎわせています。このように、1年間の経営活動の成果を、実数値や比率を使用して評価する技法のことを「経営分析」といいます。

経営分析と聞いて、簿記もしくは数値が羅列された計算書類を思い浮かべる方も多いでしょう。病院経営が徐々に厳しくなっている昨今、「経営分析が重要なことはわかるけど、私は簿記を習ったこともないし、わかっている人に任せよう」とさじを投げていませんか。しかし、病院経営者・経営管理者でなくとも、自院の経営状況を知っておくことはとても重要なことです。

病院の経営分析の基本は、財務諸表を使用した「財務諸表分析」です。しかし、必ずしも詳しい簿記の知識は必要ありません。経営分析の概要は、前章程度の簿記の知識があれば理解することができます。

(2) 経営分析の役割

病院は非営利組織であり、その使命は利益を上げることではなく、国民に良質な医療サービスを継続的に提供することです。病院は、その使命を果たすために、投資、すなわち建物や医療機器を揃え、職員を雇い、診療材料などを購入し、医療サービスを提供しています。そして、医療サービスを提供した見返りとして、投資を上回るリターン、すなわち収益を患者さんから受け取ります。つまり、収益は病院の経営活動を支える大切な基盤です。

収益を上げ続けるためには、その病院が地域住民から高く評価され、継続的に患者さんに来院してもらう必要があります。経営分析によって得られる経営指標は、地域住民による病院の評価を表しています。つまり、経営分析は、病院の経営活動を客観的に見るための鏡としての役割を担っています。

(3) 経営分析の視点

経営分析は、人間の健康診断とよく似ています。人間であれば、健康診断でどこかに病巣が見つかれば、手遅れにならないうちに早く治療しなければなりません。病院経営も人間の場合と同じで、経営分析でどこかに問題点が見つかれば、手遅れにならないうちに改善しなければなりません。

人間の健康診断では、聴診・触診、画像診断、血液検査などの複数の視点から検査するのと同様に、病院の経営分析でも主に次の３つの視点から分析します。

①安全性分析……病院の財産の状態は、適正な構成となっているか。

②収益性分析……利益や損失は、どのようにして出たのか。

③キャッシュ・フロー計算書分析……現金の増減は、正常な経営活動によるものか。

経営分析とは、会計数値をそのまま見たり、足したり引いたり、掛けたり割ったりした計算結果を見て、病院の経営活動の成果を評価する技法です。その善し悪しを判断するには、その病院の過去や他の類似病院と比較する必要があります。

2. 財務諸表の基礎知識

(1) 財務諸表とは何か？

財務諸表とは、病院の1年間の経営活動に関する情報が集約された計算書類のことをいいます。そのため、財務諸表は経営情報の宝庫ともいえます。財務諸表は、病院の利害関係者に病院経営の状況を知らせる目的で作成されますので、決して難しいものではありません。詳しい簿記や会計の知識がなくても財務諸表は読むことができます。

財務諸表には、「貸借対照表（B/S：Balance Sheet）」「損益計算書（P/L：Profit and Loss Statement）」「キャッシュ・フロー計算書（C/S：Cash Flow Statement）」があり、それらを総称して「財務三表」といいます。経営分析は、主に貸借対照表と損益計算書を使用して行います。キャッシュ・フロー計算書は、それ自体が経営分析の一つの道具、すなわち分析結果です。

それでは、経営分析を勉強する事前準備として、まず、財務三表についての知識を身につけましょう。

(2) 貸借対照表

1）貸借対照表とは

貸借対照表は、病院のある時点での財産の状態を示す計算書類です。「ある時点」とは、病院の経営活動の成果を集計する日、すなわち「決算日」を示します。病院の会計期間は、国の会計年度と同様に1年間です。「財産の状態」のことを会計では、「財政状態」と呼びます。つまり、貸借対照表は、病院の決算日の財政状態をお金に換算して写し取った計算書類といえます。

貸借対照表からは、借入金を期日に支払えるかどうか、適切な投資が行われているか、資金の調達源泉は健全かどうかなど、病院の財務安定性を知ることができます。

2）貸借対照表の構成要素

病院を開院するためには、経営活動を行うために必要なモノ（医薬品・診療材料、建物・土地など）を揃えるためのカネ（資金）が必要となります。まず、理事長・院長などが自前で開院資金を準備します。通常、理事長・院長などが自前で開院資金の全額を準備することは難しいため、足りない部分は銀行などからの借入金で賄います。

集められた開院資金の多くは、病院が経営活動を行うために必要なモノ（医薬品・診療材料、建物・土地など）へ投資されます。病院は、カネやモノを使用して医療サービスを提供し、投資を上回るリターン（カネ）を獲得します。そのカネで借入金の返済、新規の投資を行います。

このように、資金は「調達、投資、投資を上回る資金の獲得、借入金の返済、調達、……」という形で循環します。その一定時点での病院の財政状態を写し取った計算書類が貸借対照表です。貸借対照表は、図表3-1のようにT字型の表形式で表されます。

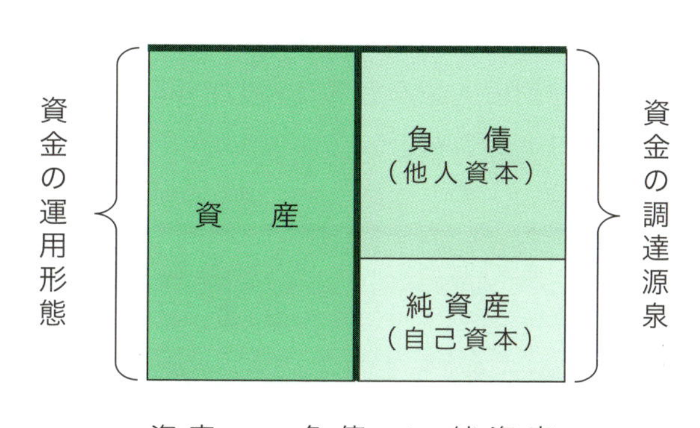

資産 ＝ 負債 ＋ 純資産

図表3-1　貸借対照表の仕組み

貸借対照表の右側は、資金をどこから調達したか、すなわち「資金の調達源泉」を示しています。理事長・院長などが自前で準備した部分を「純資産」と呼びます。純資産は、自己資本とも呼ばれます。純資産は、原則として返済義務はありません。一方、銀行などから借り入れた部分を「負債」と呼びます。負債は、他人資本とも呼ばれます。負債は、返済期間の長短はありますが現金で返済する義務があります。

貸借対照表の左側は、調達した資金がどのように「運用」されているか、すなわち「資金の運用形態」を示しています。貸借対照表は右側で調達した資金が、何らかの「資産」として左側に投資されるという仕組みになっています。そのため、貸借対照表の左右の金額は、貸借平均の原理により一致します。

3）流動・固定分類

貸借対照表から病院の財務安定性を読むためには、貸借対照表をいくつかのブロックに分ける必要があります。貸借対照表は、図表 3-2 のように、もともとブロックに分けて表示されていますので、難しく考える必要はありません。簡単に各ブロックについて説明していきます。

貸借対照表の資産は、次のように区分されます。

①流動資産……現金・預金および医業未収金などの短期間（通常、1 年以内）に現金化が予定されている資産、医薬品・診療材料などの棚卸資産。

②固定資産……土地・建物、医療機器などの経営活動を行うために 1 年を超えて使用する資産。

貸借対照表の負債は、次のように区分されます。

①流動負債……買掛金、短期借入金などの 1 年以内に返済期限が到来する負債。

②固定負債……流動負債以外の負債。

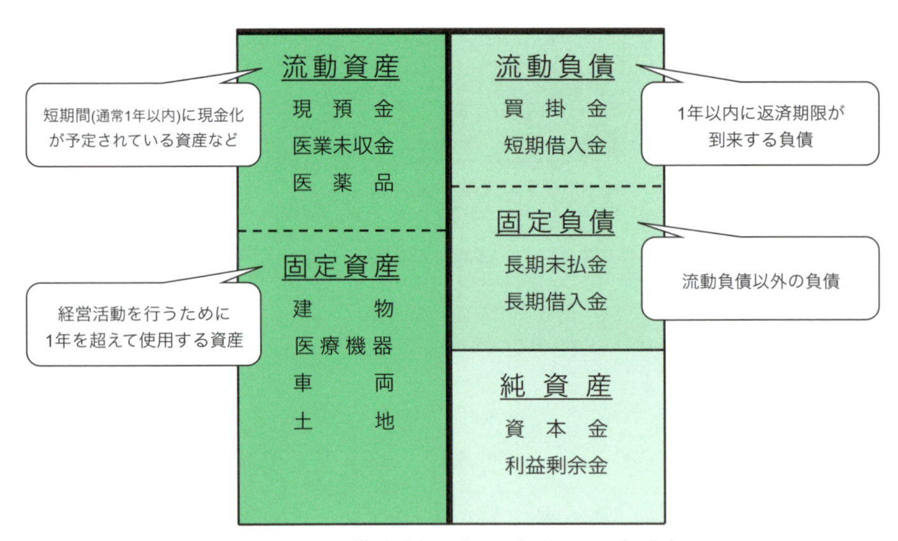

図表 3-2　貸借対照表の流動・固定分類

4）理想的な貸借対照表とは

病院が安定した経営を行うための一番良い方法は、資産の全額を純資産（自己資本）で賄うことです。通常、それは現実的に難しいため、病院は銀行などからの借入金（他人資本）に依存した状態で経営を行っています。

病院は、経営活動から生じた利益を純資産へ組み入れ、純資産の厚みを増やしていくことで、他人資本に依存しない経営を行うことができます。つまり、純資産に利益が十分に蓄積され、他人資本の割合が少ない貸借対照表が理想的といえます。

(3) 損益計算書

1) 損益計算書とは

損益計算書は、一定期間における病院の経営活動の成果を示す計算書類です。「一定期間」とは、一会計期間（１年間）を意味します。「経営活動の成果」のことを会計では、「経営成績」と呼びます。つまり、損益計算書は、一会計期間における病院の経営成績をお金に換算して写し取った計算書類といえます。

損益計算書からは、儲かっているかどうか、その理由はどうしてなのか、経営にムダがないかどうかなど、病院の収益性を知ることができます。

2) 損益計算書の構成要素

損益計算書も貸借対照表と同様に、図表３-３のようにＴ字型の表形式で表されます。損益計算書の右側は「収益」、左側は「費用」「利益」が表示されます。収益とは、診療収益や保健予防収益など、経営活動によって流入した資産の明細のことです。費用とは、材料費や人件費など、収益を上げるために流出した資産の明細のことです。そして、収益と費用の差額が利益となります。

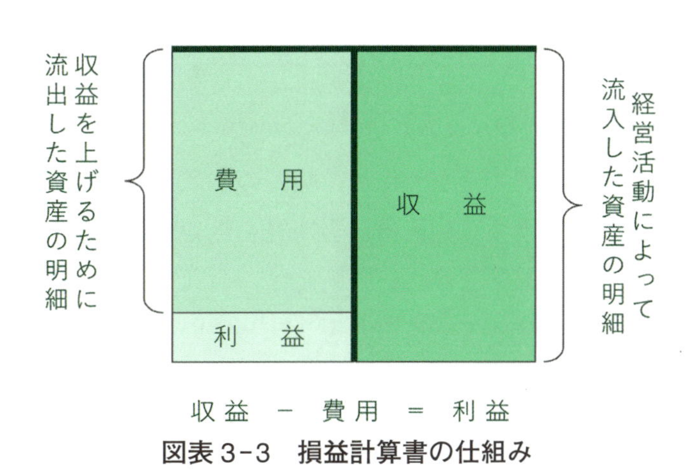

図表３-３　損益計算書の仕組み

3) 利益の計算過程

本書では、損益計算書をＴ字型の表形式（勘定式）で示しましたが、私たちが通常目にするのは「報告式」の損益計算書です。報告式の損益計算書では、図表３-４のように段階的に利益を計算する形式になっています。

まず、医業収益から医業費用を引いて「医業利益」を計算します。次に、医業利益に医業外収益・費用を加減算して「経常利益」を計算します。最後に、経常利益から臨時収益・費用、法人税等を加減算して「当期純利益」を計算します。

それぞれの利益計算の区分は、重要な役割があります。医業利益は、病院の本業である医療活動から得た利益を示しています。経常利益は、金利などの本業以外の収益・費用（臨時的なものは除く）も加味した利益を示しています。当期純利益は、資産の売却などの臨時的な収益・費用のすべてを加味した利益を示しています。

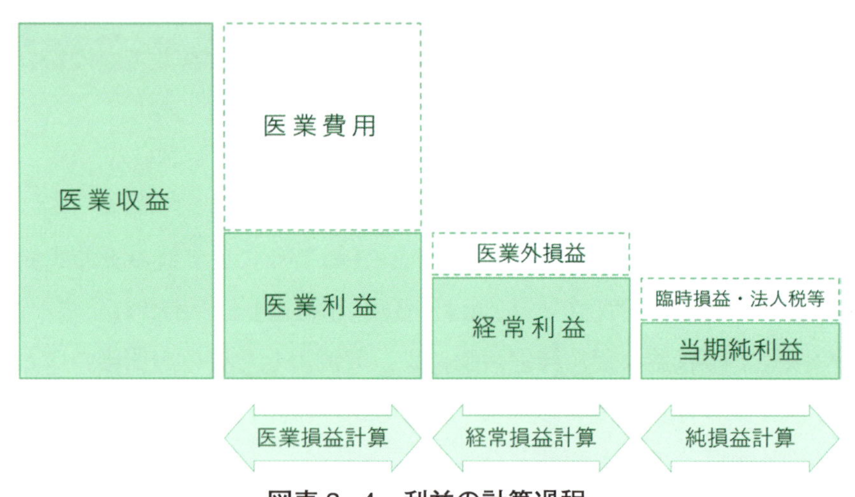

図表3-4　利益の計算過程

4）理想的な損益計算書とは

病院が安定的な経営を維持するためには、病院の本業である医療活動を患者さんに評価してもらう必要があります。例えば、当期純利益や経常利益が黒字で、医業利益が赤字である場合はどうでしょうか。その病院は、金利や資産の売却などの本業以外の収益によって経営が成り立っていることを意味しています。そのため、医療活動自体は、患者さんから評価されていない可能性があり、いずれ経営危機が訪れることが懸念されます。つまり、本業による利益を示す医業利益を十分に上げている損益計算書が理想的といえます。

(4) キャッシュ・フロー計算書

キャッシュ・フロー計算書は、年度初め（期首）と年度末（期末）の現金残高を比較し、その増減理由を業務活動（医療活動）、投資活動（設備の購入・売却）、財務活動（銀行の借入・返済）のいずれによるものかを分けて表示する計算書類です（図表3-5）。

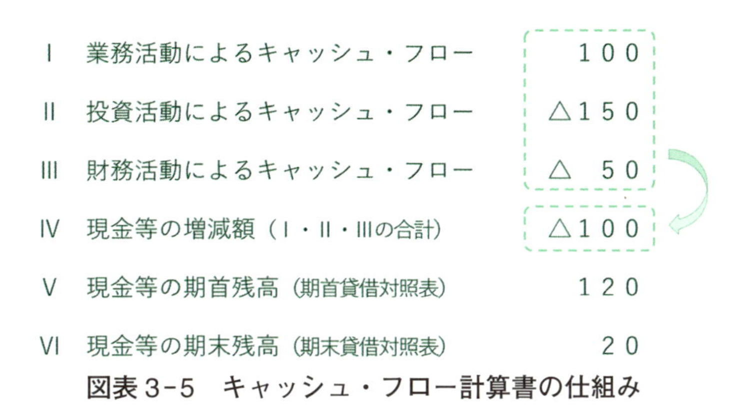

図表3-5　キャッシュ・フロー計算書の仕組み

通常、利益の増減と現金の増減は一致しません。したがって、利益が出ているからといって、現金があるとは限らないのです。例えば、診療報酬を例に説明します。診療行為を行った場合、その対価は収益として認識されますが、その時点では患者さんから1～3割の現金を受け取るだけです。残りの部分は、医業未収金として貸借対照表に計上され、およそ2か月後に審査支払機関から振り込まれ、現金化します。このように、診療後すぐに収益として認識されても、それがすべて現金化されるまでにはタイミングのズレがあります。現在の会計制度では、このような事例が少なくありません。

言うまでもなく、現金がうまく循環しなければ、病院の経営活動はストップしてしまいます。そうならないように、現金がどのように循環しているかを確認するためにキャッシュ・フロー計算書が役立ちます。多くの病院では、キャッシュ・フロー計算書の作成義務はありませんが、作成するのが会計慣行となっています。

3. 安全性分析

安全性分析は、経営指標を用いて病院の信用力を評価する手法であり、支払能力分析とも呼ばれています。安全性分析は、主に貸借対照表を用いて行います。安全性分析では、病院の財政状態の構成が適切であるか、支払能力に問題がないかなどを知ることができます。

それでは、安全性分析の代表的な経営指標を勉強していきましょう。

(1) 流動比率

流動比率の計算式

$$\text{流動比率（\%）} = \frac{\text{流動資産}}{\text{流動負債}} \times 100$$

流動比率は、病院の短期的な支払能力を示す経営指標です。流動比率の計算は、「流動資産」と「流動負債」を用いて行います。

流動比率は、「2：1の原則」といわれ、200％以上あることが望ましいとされています。「流動比率が100％以上あれば問題ないのでは？」と思われる方もいるかもしれません。しかし、流動資産には、現預金以外にも、入金待ちの医業未収金、診療行為に使用される棚卸資産などが含まれていることに注意しなければなりません。そのため、流動比率が150％を下回るようであれば、支払能力に問題がある可能性があります。

(2) 当座比率

当座比率の計算式

$$\text{当座比率（\%）} = \frac{\text{当座資産}}{\text{流動負債}} \times 100$$

当座比率は、流動比率の補完的な役割を果たす経営指標です。当座比率では、病院の短期的な支払能力をより詳しく示すことができます。当座比率の計算は、「当座資産」と「流動負債」を用いて行います。当座資産とは、流動資産のうち、現預金および医業未収金などの換金性の高い資産のことをいいます。

当座比率は、「1：1の原則」といわれ、100％以上あることが望ましいとされています。当座比率が100％を下回っていれば、支払能力に問題があると判断されてしまいます。

(3) 自己資本比率

自己資本比率の計算式

$$\text{自己資本比率（\%）} = \frac{\text{自己資本}}{\text{総資本}} \times 100$$

自己資本比率は、病院の資産をどれだけ自己資本で賄えているかを示す経営指標です。自己資本比率の計算は、「自己資本」と「総資本」を用いて行います。総資本とは、負債および純資産の合計のことをいいます。

自己資本比率が低い場合、他人資本に依存した経営体質であることを意味しています。財務的に安定した経営を行うためには、自己資本比率を一定以上の割合で維持する必要があります。病院経営では、30％以上がおよその目安とされています。

(4) 固定長期適合率

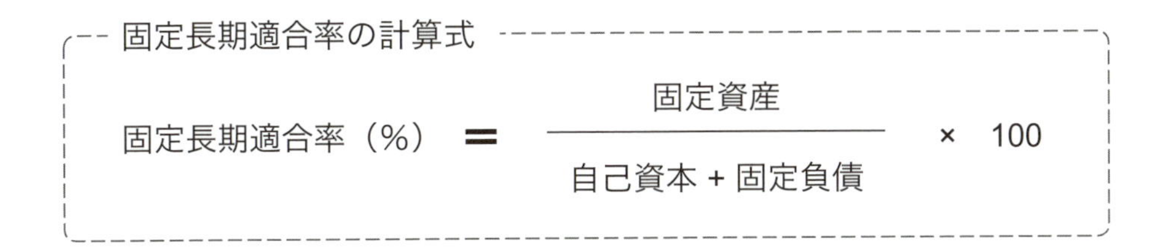

固定長期適合率は、固定資産がどれだけ長期資金で賄われているかを示す経営指標です。固定長期適合率の計算は、「固定資産」と「自己資本」「固定負債」の合計を用

いて行います。

固定長期適合率は、必ず100％以下でなければなりません。固定長期適合率が100％を超えるということは、固定資産の一部を短期的な支払いが求められる流動負債で賄っていることを意味します。つまり、流動資産の残高以上に支払資金が必要となり、いずれ資金繰りが苦しくなります。

固定長期適合率は、短期借入金（流動負債）を長期借入金（固定負債）に借り換えることや、遊休資産を売却することで改善させることができます。

(5) 借入金比率

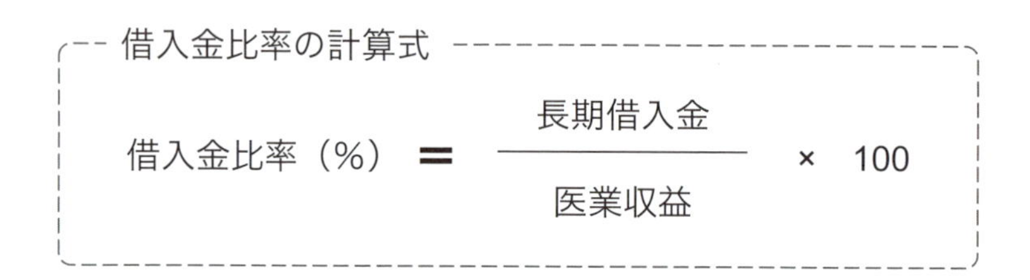

借入金比率は、借入金の規模が適正かどうかを示す経営指標です。借入金比率の計算は、「長期借入金」と「医業収益」を用いて行います。

借入金比率は、50％程度が目安とされています。借入金比率が高くなると、正常な返済ができなくなる可能性があります。とくに、借入金比率が100％以上の場合、病院の稼ぐ力以上の借入が行われており、危険な経営状態といえます。

(6) 償還期間

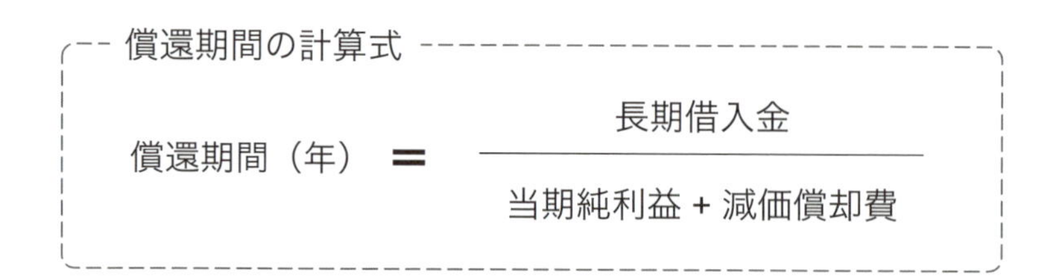

償還期間は、借入金をどれだけの期間で返済できるかを示す経営指標です。償還期間の計算は、「長期借入金」と「当期純利益」「減価償却費」の合計を用いて行います。当期純利益と支出を伴わない費用である減価償却費の合計は、キャッシュの増加額を

意味しています。

償還期間は、10年以内が望ましいとされています。銀行などの金融機関は、償還期間をとても重視しますので、償還期間が長い場合は、遊休資産を売却して借入金を返済するなどの対策を講じる必要があります。

(7) 未収金回転率

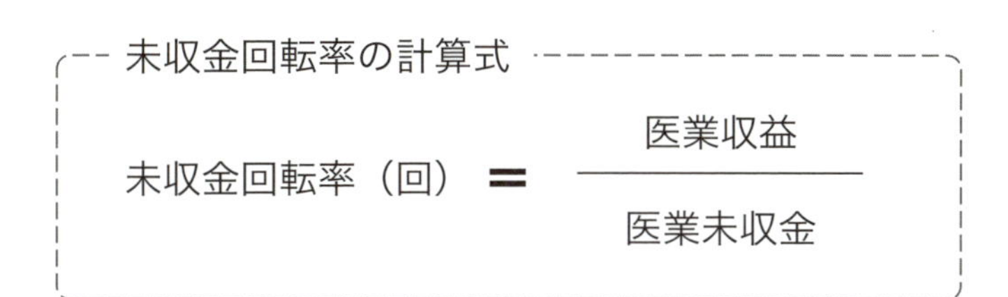
未収金回転率の計算式

$$未収金回転率（回）= \frac{医業収益}{医業未収金}$$

未収金回転率は、患者さんや審査支払機関から医業未収金を順調に回収できているかを示す経営指標です。未収金回転率の計算は、「医業収益」と「医業未収金」を用いて行います。

診療報酬は、審査支払機関に請求してから現金化するのに、およそ2か月を要します。したがって、医業未収金が順調に回収できていれば、未収金回転率は6回転以上となります。未収金回転率が6回転を下回る場合、患者さんの自己負担金の未回収が原因となっている可能性がありますので、早急に対策を講じる必要があります。

4. 収益性分析

収益性分析は、経営指標を用いて病院の利益を生み出す力を評価する手法です。収益性分析は、主に損益計算書を用いて行います。収益性分析では、病院がどのようにして利益を生み出しているか、どれだけ効率的に経営活動を行っているかなどを知ることができます。

それでは、収益性分析の代表的な経営指標を勉強していきましょう。

(1) 医業利益率

医業利益率の計算式

$$\text{医業利益率（\%）} = \frac{\text{医業利益}}{\text{医業収益}} \times 100$$

医業利益率は、病院の医療活動、すなわち本業から利益を生み出す力を示す経営指標です。医業利益率の計算は、「医業利益」と「医業収益」を用いて行います。

医業利益率は、2～3%程度が目安とされています。医業利益率が継続的にマイナスであれば、本業から利益を生み出す力がないことを意味していますので、早急に抜本的な経営改善を行う必要があります。

(2) 経常利益率

経常利益率の計算式

$$\text{経常利益率（\%）} = \frac{\text{経常利益}}{\text{医業収益}} \times 100$$

経常利益率は、病院の通常の経営活動から利益を生み出す力を示す経営指標です。経常利益率の計算は、「経常利益」と「医業収益」を用いて行います。

経常利益率は、3%程度が目安とされています。医業利益率がプラスであり、経常利益率がマイナスの場合、支払利息の過多が原因である可能性があります。無理な借り入れによる過剰な設備投資が行われていないかを確認する必要があります。

(3) 総資本回転率

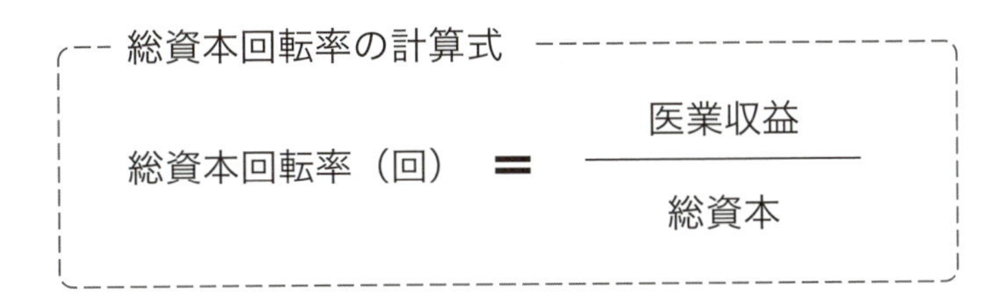

総資本回転率は、病院の資本の運用効率を示す経営指標です。総資本回転率の計算は、「医業収益」と「総資本」を用いて行います。

総資本回転率は、1回が目安とされています。総資本回転率が高いほど、資本を効率的に活用して医業収益を上げていることを意味しています。

(4) 固定費比率

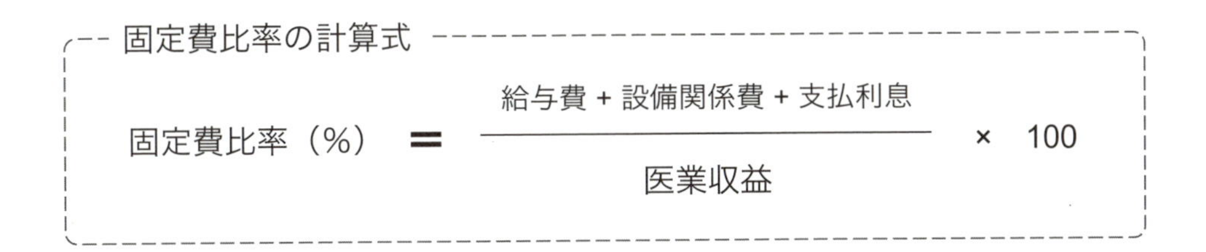

固定費比率は、病院の経営の柔軟性を示す経営指標です。固定費比率の計算は、「給与費」「設備関係費」「支払利息」の合計と「医業収益」を用いて行います。

固定費比率は、65%程度が目安とされています。固定費比率が低いほど、固定的に発生する費用が少ないことを意味しており、経営の柔軟性があるといえます。病院は、他の業種と比較して固定費比率が高くなる傾向がありますので、注意しておく必要があります。

(5) 材料費比率

材料費比率の計算式

$$\text{材料費比率（\%）} = \frac{\text{材料費}}{\text{医業収益}} \times 100$$

材料費比率は、医業収益に占める材料費の割合を示す経営指標です。材料費比率の計算は、「材料費」と「医業収益」を用いて行います。

材料費比率は、20％程度が目安とされています。材料費は、医薬品費、診療材料費、医療消耗器具備品費、給食用材料費で構成されていますので、それぞれの材料費比率を計算し、把握しておくことが大切です。

材料費比率が継続的に高い場合、院内の物品管理業務を一元管理または外部委託する方法（SPD：Supply Processing and Distribution）も選択肢の一つとして検討する必要があります。

(6) 人件費比率

人件費比率の計算式

$$\text{人件費比率（\%）} = \frac{\text{給与費}}{\text{医業収益}} \times 100$$

人件費比率は、医業収益に占める人件費の割合を示す経営指標です。人件費比率の計算は、「給与費」と「医業収益」を用いて行います。

人件費比率は、55％程度が目安とされています。病院は専門職集団ですので、職種ごとの人件費比率を計算し、把握しておくことが大切です。少なくとも医師、看護師、その他職員の3つに区分する必要があります。

(7) 委託費比率

委託費比率の計算式

$$\text{委託費比率（\%）} = \frac{\text{委託費}}{\text{医業収益}} \times 100$$

委託費比率は、医業収益に占める委託費の割合を示す経営指標です。委託費比率の計算は、「委託費」と「医業収益」を用いて行います。

委託費比率は、5％程度が目安とされています。委託費は、検査、給食、寝具、医事、清掃、保守などで構成されていますので、それぞれの委託費比率を計算し、把握しておくことが大切です。

(8) 設備関係費比率

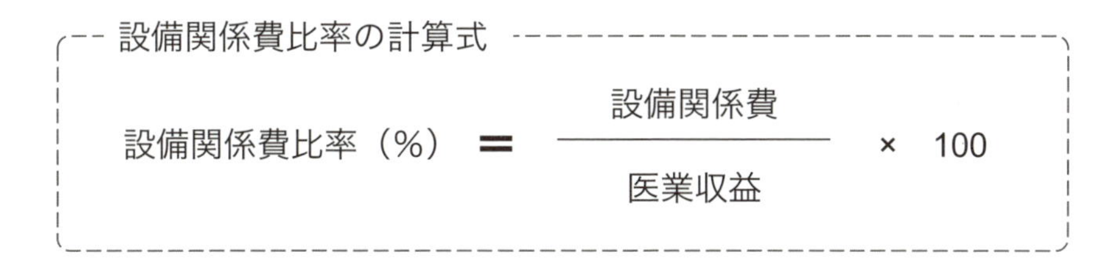

設備関係費比率は、医業収益に占める設備関係費の割合を示す経営指標です。設備関係費比率の計算は、「設備関係費」と「医業収益」を用いて行います。

設備関係費比率は、8％程度が目安とされています。設備関係費は、減価償却費、器機賃借料、地代家賃、修繕費などで構成されています。その中でも、病院経営において大きなウエイトを占める減価償却費については、個別に「減価償却費比率」を計算します。減価償却費比率は、5％程度が目安とされています。

(9) 経費比率

経費比率の計算式

$$経費比率（\%）= \frac{経　費}{医業収益} \times 100$$

経費比率は、医業収益に占める経費の割合を示す経営指標です。経費比率の計算は、「経費」と「医業収益」を用いて行います。

経費比率は、8％程度が目安とされています。経費は、福利厚生費、旅費交通費、職員被服費、通信費など多数の項目があります。それらの項目を個別に精査することで、ムダな経費を発見することができます。

(10) 金利負担率

金利負担率の計算式

$$金利負担率（\%）= \frac{支払利息}{医業収益} \times 100$$

金利負担率は、借入金などの利息がどれくらい経営の負担になっているかを示す経営指標です。金利負担率の計算は、「支払利息」と「医業収益」を用いて行います。

金利負担率は、2％以下が望ましいとされています。金利負担率が2％を超える場合、借入金の利息が高い、もしくは医業収益に対して借入金が多いなどが原因として考えられますので、適切に対処する必要があります。

5. Let's Try 経営分析！

それでは、これまで勉強してきた知識を使って、実際に経営分析をしてみましょう。

〔演習問題〕

以下のA病院の財務諸表を用いて経営指標を計算し、A病院の経営分析を行いなさい。

医療法人 A病院（ケアミックス病院：150床）

（単位：千円）

貸借対照表	
流動資産	875,290
現金及び預金	439,940
医業未収金	285,620
棚卸資産	11,930
その他の流動資産	137,800
固定資産	1,890,010
有形固定資産	1,607,350
建物	999,030
備品	77,910
土地	424,490
その他の有形固定資産	105,920
無形固定資産	16,350
その他の資産	266,310
資産合計	2,765,300
流動負債	349,330
買掛金及び未払金	89,830
短期借入金	160,730
その他の流動負債	98,770
固定負債	1,323,960
長期借入金	1,205,510
長期未払金	29,910
その他の固定負債	88,540
負債合計	1,673,290
純資産合計	1,092,010
出資金	41,540
利益余剰金	1,050,470
負債及び純資産合計	2,765,300

（単位：千円）

損益計算書	
医業収益	1,728,380
入院診療収益	1,353,180
外来診療収益	310,360
保健予防活動収益	19,650
その他の医業収益	51,820
保険等査定減	△ 6,630
医業費用	1,705,620
材料費	238,520
医薬品費	120,650
その他の材料費	117,870
給与費	1,013,640
医師給料・賞与	257,150
看護師給料・賞与	328,880
その他職員給料・賞与	357,770
その他の給与費	69,840
委託費	96,160
設備関係費	168,060
減価償却費	103,700
その他の設備関係費	64,360
経費	128,460
その他の医業費用	60,780
医業利益	22,760
医業外収益	21,480
受取利息及び配当金	820
その他の医業外収益	20,660
医業外費用	21,290
支払利息	15,670
その他の医業外費用	5,620
経常利益	22,950
特別利益	10,710
特別損失	24,460
税引前当期純利益	9,200

〔解答用紙〕

経営指標	計算式	単位	A病院	類似病院 平均値（平成27年度病院経営管理指標） 黒字病院	全体	赤字病院
記入例						
流動比率	流動資産／流動負債 ×100	%	250.6	508.7	414.4	277.9 ●
				評価： 問題なし、注意、要改善など		
安全性分析						
流動比率	流動資産／流動負債 ×100	%		508.7	414.4	277.9
				評価：		
自己資本比率	自己資本（純資産合計）／総資本（負債及び純資産合計） ×100	%		46.1	37.4	23.8
				評価：		
固定長期適合率	固定資産／純資産合計＋固定負債 ×100	%		66.6	73.8	85.4
				評価：		
借入金比率	長期借入金／医業収益 ×100	%		48.3	56.9	71.0
				評価：		
償還期間	長期借入金／（税引前当期純利益×70%）＋減価償却費	年		10.1	17.4	33.5
				評価：		
収益性分析						
医業利益率	医業利益／医業収益 ×100	%		5.8	1.6	−4.9
				評価：		
経常利益率	経常利益／医業収益 ×100	%		6.2	2.3	−3.6
				評価：		
総資本回転率	医業収益／総資本（負債及び純資産合計）	回		1.1	1.0	0.9
				評価：		
固定費比率	給与費＋設備関係費＋支払利息／医業収益 ×100	%		64.8	68.5	74.1
				評価：		
材料費比率	材料費／医業収益 ×100	%		11.9	12.5	13.3
				評価：		
医薬品費比率	医薬品費／医業収益 ×100	%		6.3	6.4	6.6
				評価：		
人件費比率	給与費／医業収益 ×100	%		56.8	59.4	63.5
				評価：		
医師人件費比率	医師給料・賞与／医業収益 ×100	%		12.3	12.7	13.4
				評価：		
看護師人件費比率	看護師給料・賞与／医業収益 ×100	%		19.0	19.6	20.4
				評価：		
その他職員人件費比率	その他職員給料・賞与／医業収益 ×100	%		20.5	21.0	21.8
				評価：		
委託費比率	委託費／医業収益 ×100	%		5.3	5.4	5.6
				評価：		

設備関係費比率	$\frac{設備関係費}{医業収益} \times 100$	%		7.4 / 8.2 / 9.5 評価:
減価償却費比率	$\frac{減価償却費}{医業収益} \times 100$	%		3.6 / 4.5 / 5.7 評価:
経費比率	$\frac{経費}{医業収益} \times 100$	%		7.5 / 8.1 / 9.1 評価:
金利負担率	$\frac{支払利息}{医業収益} \times 100$	%		0.6 / 0.8 / 1.1 評価:

分析結果の考察:

〔解答用紙（解答例）〕

経営指標	計算式	単位	A病院	類似病院 平均値（平成27年度病院経営管理指標）黒字病院	全体	赤字病院	評価
記入例							
流動比率	$\frac{\text{流動資産}}{\text{流動負債}}\times 100$	%	250.6	508.7	414.4	277.9	評価：問題なし，注意，要改善 など
安全性分析							
流動比率	$\frac{\text{流動資産}}{\text{流動負債}}\times 100$	%	250.6	508.7	414.4	277.9	評価：注意（200%以上あるが当座比率を要確認）
自己資本比率	$\frac{\text{自己資本（純資産合計）}}{\text{総資本（負債及び純資産合計）}}\times 100$	%	39.5	46.1	37.4	23.8	評価：問題なし
固定長期適合率	$\frac{\text{固定資産}}{\text{純資産合計＋固定負債}}\times 100$	%	78.2	66.6	73.8	85.4	評価：注意
借入金比率	$\frac{\text{長期借入金}}{\text{医業収益}}\times 100$	%	69.7	48.3	56.9	71.0	評価：要改善
償還期間	$\frac{\text{長期借入金}}{\text{（税引前当期純利益×70\%）＋減価償却費}}$	年	10.9	10.1	17.4	33.5	評価：問題なし
収益性分析							
医業利益率	$\frac{\text{医業利益}}{\text{医業収益}}\times 100$	%	1.3	5.8	1.6	−4.9	評価：注意
経常利益率	$\frac{\text{経常利益}}{\text{医業収益}}\times 100$	%	1.3	6.2	2.3	−3.6	評価：注意
総資本回転率	$\frac{\text{医業収益}}{\text{総資本（負債及び純資産合計）}}$	回	0.6	1.1	1.0	0.9	評価：要改善
固定費比率	$\frac{\text{給与費＋設備関係費＋支払利息}}{\text{医業収益}}\times 100$	%	69.3	64.8	68.5	74.1	評価：注意
材料費比率	$\frac{\text{材料費}}{\text{医業収益}}\times 100$	%	13.8	11.9	12.5	13.3	評価：要改善
医薬品費比率	$\frac{\text{医薬品費}}{\text{医業収益}}\times 100$	%	7.0	6.3	6.4	6.6	評価：要改善
人件費比率	$\frac{\text{給与費}}{\text{医業収益}}\times 100$	%	58.6	56.8	59.4	63.5	評価：問題なし
医師人件費比率	$\frac{\text{医師給料・賞与}}{\text{医業収益}}\times 100$	%	14.9	12.3	12.7	13.4	評価：要改善
看護師人件費比率	$\frac{\text{看護師給料・賞与}}{\text{医業収益}}\times 100$	%	19.0	19.0	19.6	20.4	評価：問題なし
その他職員人件費比率	$\frac{\text{その他職員給料・賞与}}{\text{医業収益}}\times 100$	%	20.7	20.5	21.0	21.8	評価：問題なし
委託費比率	$\frac{\text{委託費}}{\text{医業収益}}\times 100$	%	5.6	5.3	5.4	5.6	評価：注意

設備関係費比率	設備関係費 / 医業収益 × 100	%	9.7	7.4 / 8.2 / 9.5 評価：要改善
減価償却費比率	減価償却費 / 医業収益 × 100	%	6.0	3.6 / 4.5 / 5.7 評価：要改善
経費比率	経費 / 医業収益 × 100	%	7.4	7.5 / 8.1 / 9.1 評価：問題なし
金利負担率	支払利息 / 医業収益 × 100	%	0.9	0.6 / 0.8 / 1.1 評価：注意

分析結果の考察：

問題なし … 自己資本比率，償還期間，人件費比率，看護師人件費比率，その他職員人件費比率，経費比率
注　意 …… 流動比率，固定長期適合率，医業利益率，経常利益率，固定費比率，委託費比率，金利負担率
要改善 …… 借入金比率，総資本回転率，材料費比率，医薬品費比率，医師人件費比率，設備関係費比率，減価償却費比率

① 材料費比率を改善する必要がある。
材料費比率が高い主な要因は、医薬品費比率が高いことである。その他の材料費比率についても併せて分析する必要がある。

② 医師人件費比率を改善する必要がある。
人件費比率(全体)を見ると、問題がないように思える。しかし、職種ごとに分析してみると、医師人件費比率が高い。

③ 医業収益に対して設備投資額が多く、過剰投資の可能性がある。
総資本回転率が低く、総資本(主に固定資産)が医業収益に貢献していない。評価が「注意」「要改善」となった比率の多くは、固定資産または医業収益に関係する項目である。総資本と医業収益のバランスを取ることで、高い経営改善効果が期待できる。

6. キャッシュ・フロー計算書分析

キャッシュ・フロー計算書分析は、病院の現金の循環状況から、経営状態を評価する手法です。キャッシュ・フロー計算書分析は、キャッシュ・フロー計算書を用いて行います。キャッシュ・フロー計算書分析は、それぞれの活動区分のキャッシュ・フロー増減の組み合わせパターンを見ることによって行います。組み合わせパターンは、すべてで8通りあります（図表3-6）。

それでは、キャッシュ・フロー計算書分析の代表的なパターンを勉強していきましょう。

<table>
<tr><th>パターン</th><th>業務活動</th><th>投資活動</th><th>財務活動</th><th></th></tr>
<tr><td>1</td><td rowspan="4">＋</td><td rowspan="2">＋</td><td>＋</td><td></td></tr>
<tr><td>2</td><td>△</td><td></td></tr>
<tr><td>3</td><td rowspan="2">△</td><td>＋</td><td>成長期</td></tr>
<tr><td>4</td><td>△</td><td>成熟期</td></tr>
<tr><td>5</td><td rowspan="4">△</td><td rowspan="2">＋</td><td>＋</td><td>衰退期</td></tr>
<tr><td>6</td><td>△</td><td></td></tr>
<tr><td>7</td><td rowspan="2">△</td><td>＋</td><td>創立期</td></tr>
<tr><td>8</td><td>△</td><td></td></tr>
</table>

図表3-6　キャッシュ・フロー増減の組み合わせパターン

〔パターン3：成長期〕

パターン3は、成長期に見られるキャッシュ・フロー増減のパターンです。業務活動からプラスのキャッシュ・フローを順調に生み出すことができています。また、財務活動により資金を調達し、積極的に投資活動を行うことができています。

〔パターン4：成熟期〕

パターン4は、成熟期に見られるキャッシュ・フロー増減のパターンです。業務活動からプラスのキャッシュ・フローを順調に生み出すことができています。さらに、財務活動によるキャッシュ・フローがマイナスであることから、外部からの資金調達に頼ることなく、投資活動を行うことができています。理想的なキャッシュ・フロー増減のパターンといえます。

〔パターン５：衰退期〕

パターン５は、衰退期に見られるキャッシュ・フロー増減のパターンです。業務活動によるキャッシュ・フローがマイナスになっています。さらに、財務活動による資金調達が増えている一方で、積極的な投資活動が行われていません。このパターンは、厳しい経営状態にあることを示しており、抜本的な経営改善を早急に行う必要があります。

〔パターン７：創立期〕

パターン７は、開院当初や経営改善の開始時などの創立期に見られるキャッシュ・フロー増減のパターンです。業務活動によるキャッシュ・フローはマイナスになっていますが、財務活動により資金を調達し、積極的に投資活動を行うことができています。

7. 損益分岐点分析

(1) 損益分岐点分析とは何か？

損益分岐点分析とは、採算がとんとんになる、すなわち医業利益がゼロとなる医業収益または患者数を求める手法です。損益分岐点分析は、原価（Cost）、販売数量・売上（Volume）、利益（Profit）の関係を分析することから、「CVP分析」とも呼ばれます。

損益分岐点分析は、経営戦略を立てるうえでの重要な分析手法であり、単に医業利益ゼロの医業収益または患者数を求めるだけでなく、目標医業利益を実現するために必要な医業収益または患者数を求めるときにも用いられます。

(2) 固変分解と変動損益計算書

損益分岐点分析を行うためには、まず、医業費用を診療材料費などの医業収益に比例して発生する「変動費」と、人件費や設備関係費などの医業収益に左右されずに発生する「固定費」に分解しなければなりません。これを「固変分解」といいます。

固変分解ができたら、次に「変動損益計算書」を作成します。変動損益計算書では、図表 3-7 のように医業利益を計算します。まず、医業収益から変動費を引いて「限界利益」を計算します。次に、限界利益から固定費を引いて医業利益を計算します。つまり、変動損益計算書では、患者さんを治療したときに直接的に得られる限界利益で徐々に固定費を回収していくイメージで利益計算が行われます。

図表 3-7　変動損益計算書

医業収益	1,000
変動費	△ 200
限界利益	800
固定費	△ 700
医業利益	100

(3) 損益分岐点図表

変動損益計算書の利益計算を図表にしてみると、内容がより理解しやすくなります。ここでは、「損益分岐点図表」の作成方法について説明していきます。

〔損益分岐点図表の作成方法〕

①縦軸に医業費用・損益、横軸に医業収益をとります。

②対角線を引きます。これは医業収益を示しています。

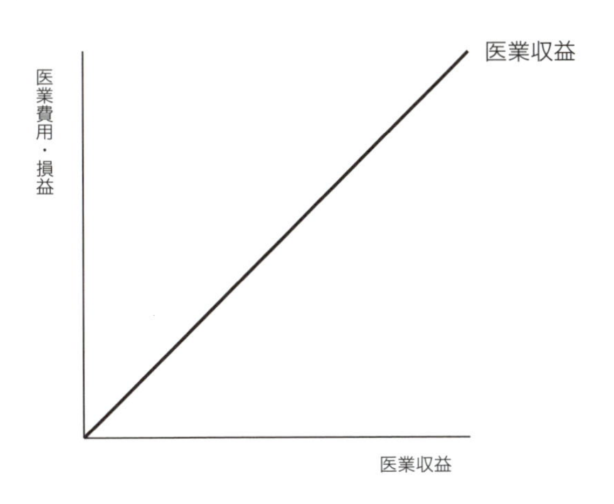

③医業収益に比例して発生する変動費線を引きます。

④変動費線の上に平行に固定費線を引きます。この固定費線は、変動費と固定費の合計である医業費用を示しています。

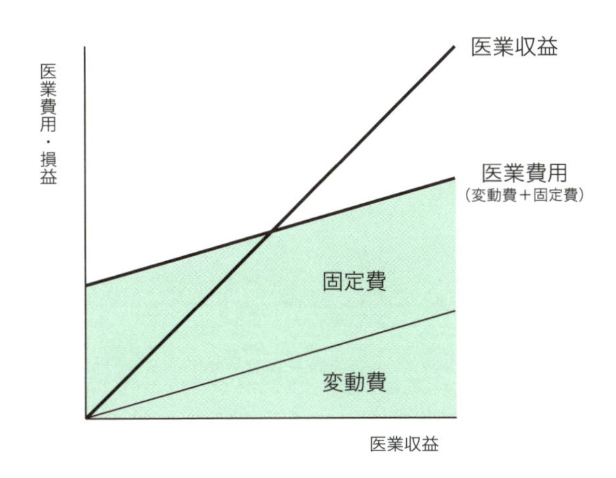

⑤医業費用と医業収益が交差する点が損益分岐点です。医業収益が損益分岐点を上回れば利益、下回れば損失となります。

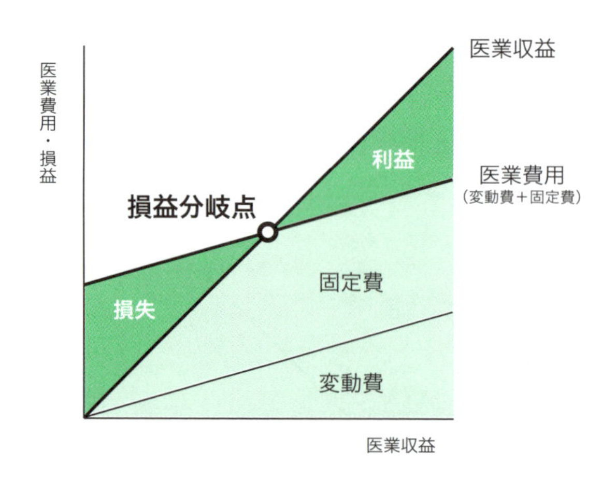

(4) 損益分岐点医業収益の求め方

損益分岐点医業収益は、次の計算式により求めることができます。

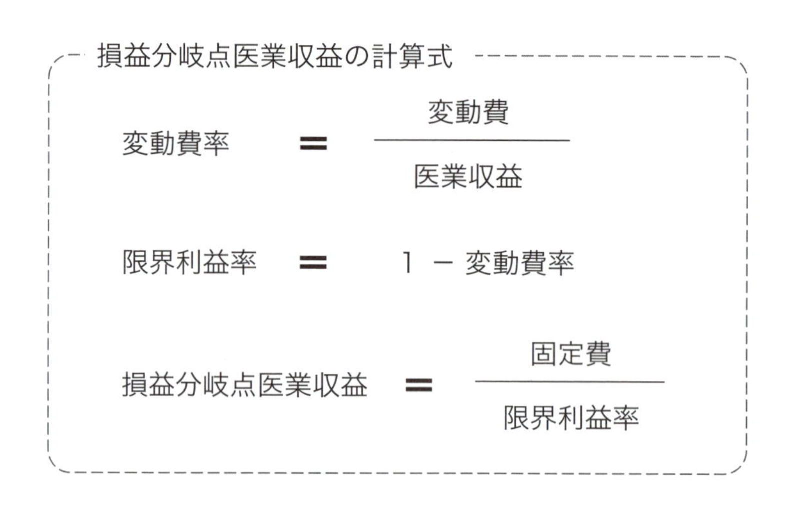

損益分岐点分析の優れている点は、計算式の分子に「目標医業利益」を加算することで、「目標達成医業収益」を簡単に求めることができる点です。

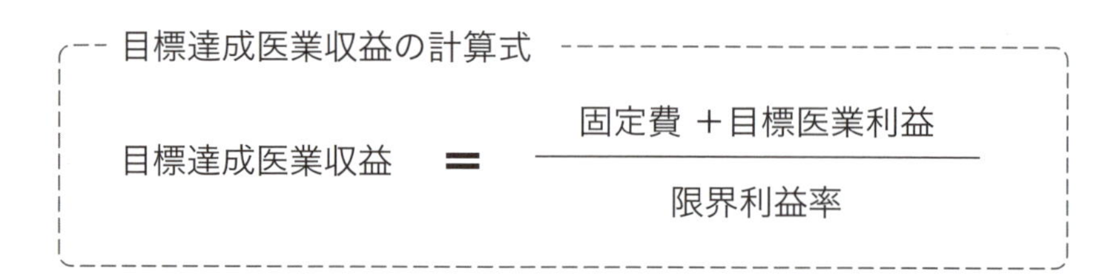

(5) Let's Try 損益分岐点分析！

それでは、これまで勉強してきた知識を使って、実際に損益分岐点分析をしてみましょう。

〔演習問題〕

A病院の外来診療に関する財務データは次のとおりである。

外来診療収益	@ 100円
材料費（変動費）	@ 20円
人件費（固定費）	12,000円
設備関係費（固定費）	2,000円
経費（固定費）	2,000円

［設問1］損益分岐点となる医業収益を求めなさい。

［設問2］医業利益800円となる医業収益を求めなさい。

〔設問1の解き方〕

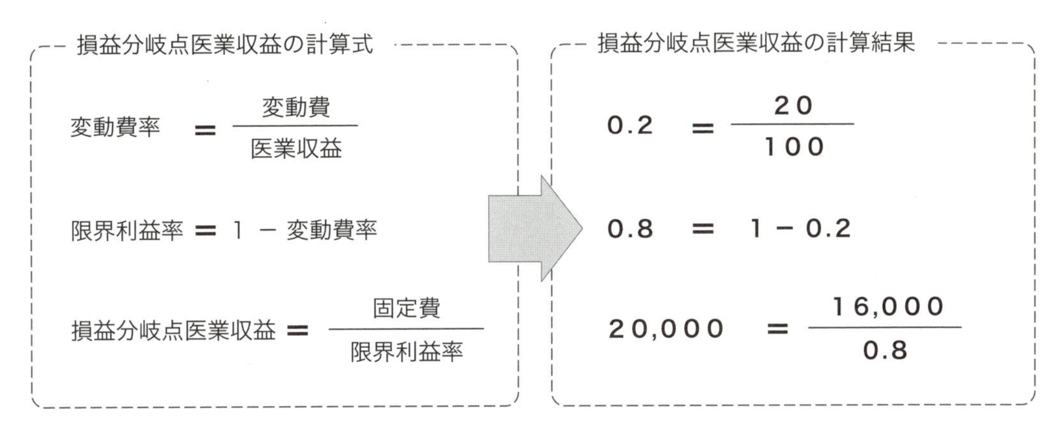

〔設問２の解き方〕

目標達成医業収益の計算式

$$目標達成医業収益 = \frac{固定費 + 目標医療利益}{限界利益率}$$

目標達成医業収益の計算結果

$$21{,}000 = \frac{16{,}000 + 800}{0.8}$$

8. 経営分析 —— 上級編 ——

(1) 部門別損益計算書

病院のように複数の診療科がある場合、全体の損益計算書だけでは、どの診療科を強化すべきか、不採算の診療科がある場合には改善の余地があるのか、閉科すべきなのかなどを判断することが困難です。

そこで、部門別（診療科別）損益計算書を作成し、それぞれの状況を把握したうえで、それらの情報をもとに経営判断をすることが重要です。

また、作成の際には以下に示す図表 3-8 の部門別損益計算書だけでは、判断を誤る危険性があります。そのため、図表 3-9 のように「固定費」と「変動費」に固変分解した部門別損益計算書を作成し、判断を誤らないように注意する必要があります。

図表 3-8 だけで判断し、B診療科を閉科してしまった場合、すべての本社費がA診療科に配賦され、病院全体が赤字になってしまいます。しかし、図表 3-9 のような部門別損益計算書を作成することにより、B診療科は医業利益が本社費控除後に赤字になっているものの、病院経営には貢献しているため、継続すべき診療科であると判断することができます。

また、A診療科と比べてB診療科は、限界利益率（限界利益÷医業収益）が高いこ

図表 3-8 部門別損益計算書

	A 病院	
	A 診療科	B 診療科
医業収益	100	100
医業費用		
材料費	60	40
給与費	10	30
設備関係費	5	15
その他経費	5	5
本社費	10	20
医業費用 計	90	110
医業利益	10	△ 10

図表 3-9　部門別損益計算書（固変分解後）

	A病院	
	A診療科	B診療科
医業収益	100	100
変動費		
材料費	60	40
変動費 計	60	40
限界利益	40	60
固定費		
給与費	10	30
設備関係費	5	15
その他経費	5	5
固定費 計	20	50
貢献利益	20	10
本社費	10	20
医業利益	10	△10

とがわかります。限界利益率が高いほど、医業収益の増加に伴う医業利益の増加が大きいため、B診療科は強化すべき診療科であると判断することができます。

(2) 割引回収期間法による設備投資判断

設備投資は、病院を成長・存続させるために必要不可欠ですが、投資額が大きいため、投資対効果が十分に得られない場合、経営に大きなダメージを与えます。そのため、事前にその設備投資の採算性を十分に検討することが必要です。

設備投資の主な評価方法として、「正味現在価値法」「内部利益率法」「回収期間法」の3つがあります。その中でも、回収期間法は、期間重視の評価方法であり、社内で定めた基準投資回収期間内に投資額が回収できるかどうかで投資判断を行います。

ここでは、回収期間法に「貨幣の時間価値」を考慮した「割引回収期間法」について紹介します。貨幣の時間価値とは、現在の貨幣額は、将来の貨幣額よりも価値が高いという考え方です。

割引回収期間法による投資判断の手順は、図表 3-10 に示すとおりです。

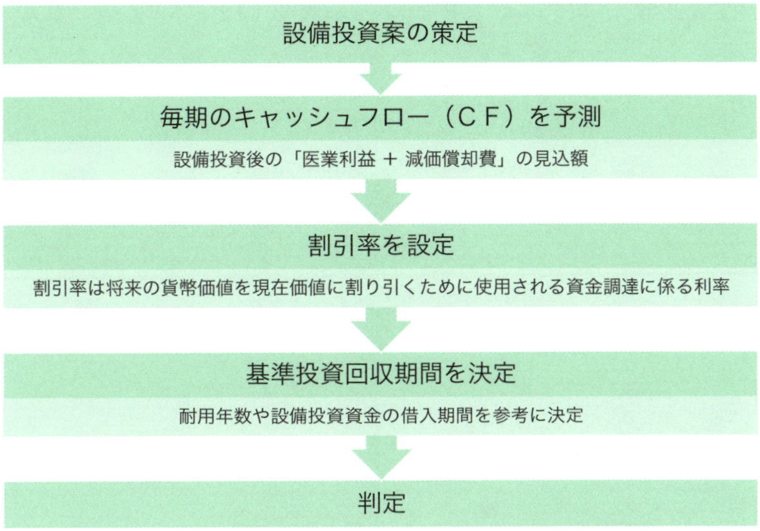

設備投資案の策定

↓

毎期のキャッシュフロー（ＣＦ）を予測

設備投資後の「医業利益 ＋ 減価償却費」の見込額

↓

割引率を設定

割引率は将来の貨幣価値を現在価値に割り引くために使用される資金調達に係る利率

↓

基準投資回収期間を決定

耐用年数や設備投資資金の借入期間を参考に決定

↓

判定

図表 3-10　割引回収期間法による投資判断の手順例

実際に、次の2つの設備投資案について、割引回収期間法による投資判断をしてみましょう。割引率は3%、基準投資回収期間は5年とします。

[A案] 投資額3,000万円, 毎期キャッシュ・フロー見込額700万円

[B案] 投資額4,000万円, 毎期キャッシュ・フロー見込額850万円

割引回収期間法によってA案とB案を比較すると、図表3-11のようになります。

図表 3-11　割引回収期間法による投資案の比較

[A案]

	現在	1年目	2年目	3年目	4年目	5年目
CF	△ 3,000	700	700	700	700	700
割引率	－	1.03	1.03^2	1.03^3	1.03^4	1.03^5
現在価値	－	680	660	641	622	604
未回収額	△ 3,000	△ 2,320	△ 1,661	△ 1,020	△ 398	－

[B案]

	現在	1年目	2年目	3年目	4年目	5年目
CF	△ 4,000	850	850	850	850	850
割引率	－	1.03	1.03^2	1.03^3	1.03^4	1.03^5
現在価値	－	825	801	778	755	733
未回収額	△ 4,000	△ 3,175	△ 2,374	△ 1,596	△ 840	△ 107

A案では基準投資回収期間である5年のうちに投資額を回収することができますが、B案では回収することができません。したがって、A案が採用されることになります。

第4章

会計処理マニュアル ―― 事例で学ぶ勘定科目 ――

1. はじめに

(1) 本章のねらい

経営管理者・先輩職員の方々の中には、新入職員に会計業務をどのように理解してもらえばよいか、困った経験のある方もいるのではないでしょうか。日々の忙しい業務の中、新入職員を指導するのは大変なことです。本音では、「経理のいろは」だけは知っていてくれたら助かるのにと感じている方もいるかもしれません。本章は、そのような経営管理者・先輩職員の皆さまの悩みを解決するために執筆しました。

本章は、会計業務の担当者として最低限知っておかなければならない知識に絞って説明しています。重要なポイントは、より理解しやすいように会計現場で実際に使用されている様式を例に説明しています。皆さまの病院で使用されている様式とは少し異なるかもしれませんが、会計業務のエッセンスを理解することで、どのような様式にも対応することができるようになります。

本章を通して、皆さまの病院の新入職員の指導をはじめ、会計業務の標準化・効率化にお役立ていただければ幸いです。

(2) 会計業務の担当者に求められる能力

病院は、経営活動を行うために日々さまざまな取引を行っています。日々の取引を正確に記録することは、非常に重要なことです。なぜなら、日々の取引の記録にもとづいて「決算書」が作成されるからです。決算書とは、病院の経営状況を表した書類です。

病院の経営管理者は、決算書に記載された会計数値をもとに経営計画を立てます。そのため、日々の取引が正確に記録されていなければ、病院の経営管理者は、誤った情報をもとに経営計画を立ててしまいます。

一般に、日々の取引を記録する業務のことを会計業務といいます。会計業務の担当者は、まず、病院が行うさまざまな取引の内容とその流れを理解する必要があります。例えば、どのような目的でどこの業者から何を購入したか、いつ注文・納品・支払をしたか、どのような資料がその取引の証拠書類となるかなどです。次に、決算書の何という勘定科目でその取引が会計処理されるかを理解する必要があります。

つまり、会計業務の担当者には、病院が行うさまざまな取引の内容とその流れを理解し、適切な勘定科目で会計処理することができる能力が求められています。

(3) 会計処理と病院会計準則

会計業務の担当者として、適切な勘定科目で会計処理するためには、それぞれの勘定科目の内容を理解する必要があります。請求書・領収書などから取引の内容が理解できても、適切な勘定科目で会計処理できなければ、誤った情報を経営管理者に提供してしまいます。

では、適切な勘定科目で会計処理するためには、何を学べばよいのでしょうか。それは、「会計基準」です。会計基準とは、決算書を作成するうえでのルールです。病院は、「病院会計準則」という会計基準に従って決算書を作成することが求められています。

本章では、病院会計準則に示されている勘定科目の中でも、会計業務でよく使用される勘定科目、つまり、会計業務の担当者として最低限知っておかなければならない勘定科目に絞って説明していきます。

本章は、読者の皆さまがスムーズに理解できるよう、それぞれの勘定科目について、①病院会計準則に記載されている内容を示し、②その内容をわかりやすく解説し、③事例を通して会計処理の方法を学ぶという流れで説明していきます。

それでは、それぞれの勘定科目について詳しく学んでいきましょう。

2. 事例で学ぶ勘定科目 ―― 資産編 ――

(1) 現金

病院会計準則

現金、他人振出当座小切手、送金小切手、郵便振替小切手、送金為替手形、預金手形（預金小切手）、郵便為替証書、郵便振替貯金払出証書、期限到来公社債利札、官庁支払命令書等の現金と同じ性質をもつ貨幣代用物及び小口現金など

解説

《現金》は、現金を受け取ったときまたは支払ったときに使用する勘定科目です。小切手などの直ちに現金化できる資産も現金と同様に扱います。《現金》は、領収書などを確認することで会計処理を確定させます。

会計処理

《現金》は、現金出納帳にもとづいて会計処理を行います。図表 4-1 は、現金出納帳の様式の一例です。この様式では、表の左側が入金に関する項目、右側が出金に関する項目が記載されます。

図表 4-1　現金出納帳（4 月 2 日）

入金				出金		
勘定科目		摘要	金額	勘定科目	摘要	金額
窓口収入	外来診療収益		131,120	通信費	××郵便局／郵送料	560
窓口収入	保健予防活動収益		23,460	研修費	××学会／参加費	10,000
窓口収入	その他の医業収益		7,560	消耗品費	××電機／蛍光灯	4,700
窓口収入	医業収益　合計		162,140	諸会費	××町内会／町内会費	3,000
患者外給食収益		職員：佐藤・吉田	12,000			
預金		引出	-	預金	預入：窓口収入（4/1）	154,030
雑収入		現金過不足	-	雑損失	現金過不足	50
入金　合計			174,140	出金　合計		172,340
前日繰越			550,820	翌日繰越		552,620

まず、現金出納帳の左側を見ると、4 月 2 日は、患者の一部負担金である窓口収入、職員から集金した給食費により現金が増加しています。窓口収入の金額は、レセコン

またはレジスターの日計表をもとに記載します。4月2日の《現金》の入金に関する仕訳は、次のように行います。

《現金》(入金)の仕訳

4/2	現金	174,140	外来診療収益	131,120
			保健予防活動収益	23,460
			その他の医業収益	7,560
			患者外給食収益	12,000

次に、現金出納帳の右側を見ると、4月2日は、4件の経費支払い、前日の窓口収入の預金預入により現金が減少しています。現金で経費を支払った場合、必ず領収書が発行されます。現金出納帳には、その領収書に記載された内容を転記します。また、領収書は、現金出納帳に記載された取引を裏付ける証拠書類として、スクラップブックなどに貼り付けて保管します。

病院の会計実務では、「前日分の窓口収入の金額」をそのまま預金に預け入れます。病院の規模によっては、2～3日に1回、まとめて預け入れる場合があります。預金通帳には、「4/1窓口収入」「4/1診療分」などのように印字させることで、現金出納帳との照合が容易になります。

現金は、「実際にある金額」と「帳簿上の金額」が異なる場合があります。その差額のことを「現金過不足」といいます。実際にある金額が帳簿上の金額よりも多ければ《雑収入》、実際にある金額が帳簿上の金額よりも少なければ《雑損失》として会計処理します。4月2日の《現金》の出金に関する仕訳は、次のように行います。

《現金》(出金)の仕訳

4/2	通信費	560	現金	172,340
	研修費	10,000		
	消耗品費	4,700		
	諸会費	3,000		
	預金	154,030		
	雑損失	50		

図表4-1のような様式で現金出納帳を作成すれば、誰でも簡単に現金管理および会計処理を行うことができます。日々の現金管理を厳密に行うことは、入金・出金に

関する項目の計上漏れの防止につながり、作成した帳簿書類の信用性がより高まります。

(2) 預金

病院会計準則

当座預金、普通預金、通知預金、定期預金、定期積金、郵便貯金、郵便振替貯金、外貨預金、金銭信託その他金融機関に対する各種掛金など

解説

《預金》は、当座預金や普通預金などの入金・出金を行ったときに使用する勘定科目です。《預金》は、預金通帳を確認することで会計処理を確定させます。

会計処理

《預金》は、預金通帳にもとづいて会計処理を行います。図表 4-2 は、預金通帳の様式の一例です。

図表 4-2　預金通帳

年月日	お取引内容	お支払金額	お預り金額	差引残高
30-05-07	電話代	＊ 77,210		＊ 20,468,528
30-05-10	クレジットカード	＊ 164,240		＊ 20,304,288
30-05-10	電気代	＊ 421,250		＊ 19,883,038
30-05-15	給料	＊ 12,205,260		＊ 7,677,778
30-05-18	器機リース料	＊ 28,080		＊ 7,649,698
30-05-20	国民健康保険団体連合会		＊ 14,486,040	＊ 22,135,738
30-05-22	社会保険診療報酬支払基金		＊ 5,070,490	＊ 27,206,228
30-05-25	証書貸付	＊ 320,000		＊ 26,886,228
30-05-31	一括振込	＊ 6,147,570		＊ 20,738,658

通常、預金通帳は、1 行ごとに 1 取引が印字されます。しかし、クレジットカード、インターネット・バンキング、一括振込依頼などを利用してまとめて振り込みをした場合には、複数の取引がまとめて 1 行に印字されます。図表 4-2 では、5 月 10 日の「クレジットカード」、5 月 31 日の「一括振込」がその例です。

複数の取引がまとめて 1 行に印字されている場合には、どこの業者にどのような目的でいくら振り込んだか確認できる明細書または内訳表を準備しなければなりません。例えば、5 月 10 日の「クレジットカード」はクレジットカード会社が発行する

クレジットカード明細書（図表 4-3）、5 月 31 日の「一括振込」は一括振込内訳表（図表 4-4）を準備します。

図表 4-3　クレジットカード明細書

ご利用日	ご利用先	お支払金額
30-04-07	××書店／書籍代	7,340
30-04-10	××石油／ガソリン代	134,400
30-04-14	料亭××／飲食代	22,500
	お支払金額　合計	164,240

図表 4-4　一括振込内訳表

業者名	勘定科目	金額
××製薬	医薬品費	2,208,740
××医療器	診療材料費	1,532,310
××食品	給食用材料費	966,330
	買掛金　合計	4,707,380
××検査センター	検査委託費	724,040
××寝具	寝具委託費	223,870
××クリーン	清掃委託費	219,120
××文具	消耗品費	175,000
××広告	広告宣伝費	98,160
	未払金　合計	1,440,190
	一括振込合計	6,147,570

図表4-2の《預金》の入金・出金に関する仕訳は、次のように行います。

《預金》の仕訳

5/7	通信費	77,210	預金	77,210
5/10	未払金	164,240	預金	164,240
〃	水道光熱費	421,250	預金	421,250
5/15	未払金	12,205,260	預金	12,205,260
5/18	器機賃借料	28,080	預金	28,080
5/20	預金	14,486,040	医業未収金（国保）	14,486,040
5/22	預金	5,070,490	医業未収金（社保）	5,070,490
5/25	短期借入金	320,000	預金	320,000
5/31	買掛金	4,707,380	預金	6,147,570
	未払金	1,440,190		

病院の会計実務では、毎月振り込みが発生する業者に対しては、その業者に対応する勘定科目をあらかじめ設定しています。そうすることで会計業務を標準化・効率化することができ、誤った勘定科目による会計処理の防止につながります。また、図表4-4のような資料を作成して、振込業務を月末に一括して行うことで、業者への未払いを防止することができます。

(3) 医業未収金

病院会計準則

医業収益に対する未収入金

解説

医業収益とは、病院の本来の事業活動である「保健医療サービスの提供」によって獲得する収益をいいます。《医業未収金》は、病院が保健医療サービスを提供したことにより未収入金が発生したときに使用する勘定科目です。

会計処理

《医業未収金》は、図表4-5のような様式の表を作成して管理します。

図表 4-5　医業未収金管理表

		4月		5月		6月	
社保	請求額	4/30	4,924,060	5/31	5,196,720	6/30	4,886,130
	入金額	6/21	4,860,050	7/21	5,123,960	8/22	4,803,060
	返戻		24,620		20,790		29,320
	査定		39,390		51,970		53,750

《医業未収金》は、病院が経営活動を行ううえで、必要不可欠な勘定科目です。診療報酬は、病院が審査支払機関に請求してから、およそ2か月後に支払われます。そのため、病院は、審査支払機関から毎月送付される振込通知書を確認し、月ごとに請求額と入金額をきちんと記録して回収漏れがないように管理する必要があります。

通常、診療報酬は、請求額と同額の支払いが行われることはありません。なぜなら、医療保険制度では、審査支払機関による返戻・査定があるからです。返戻は、レセプトの不備による未支払いであるため、再請求する必要があり、支払いがさらに遅くなります。一方、査定は、レセプトの請求内容に不必要な診療行為に対する請求が含まれている場合に請求額が減額されることです。《医業未収金》の4月分に関する仕訳は、次のように行います。

《医業未収金》の仕訳

日付	借方	金額	貸方	金額
4/30	医業未収金（社保）	4,924,060	入院・外来診療収益	4,924,060
6/21	預金	4,860,050	医業未収金（社保）	4,924,060
	入院・外来診療収益	24,620		
	保険等査定減	39,390		

《医業未収金》の会計処理は、返戻・査定を考慮して行わなければなりません。会計処理の方法は、返戻額は《入院診療収益》または《外来診療収益》を減額させ、査定額は《保険等査定減》という勘定科目に振り替えます。

(4) 未収金

病院会計準則

医業収益以外の収益に対する未収入金

解説

《未収金》は、病院の本来の事業活動である「保健医療サービスの提供」以外の事業活動により未収入金が発生したときに使用する勘定科目です。例えば、病院が所有する乗用車や備品などを売却したときに使用します。

会計処理

〔仕訳事例〕

6月20日に乗用車を480,000円で売却した。乗用車は、帳簿価額600,000円、当期減価償却額150,000円である。7月20日に乗用車の売却代金が預金口座に振り込まれた。

《未収金》の仕訳

	借方	金額	貸方	金額
6/20	減価償却費	150,000	車両	150,000
〃	未収金	480,000	車両	450,000
			固定資産売却益	30,000
7/20	預金	480,000	未収金	480,000

仕訳事例を一見すると、乗用車の帳簿価額が売却価額より低額であるため、120,000円の《固定資産売却損》が発生するように思えます。しかし、乗用車や備品などの固定資産を売却する場合は、《減価償却費》を考慮する必要があります。そのため、実際は30,000円の《固定資産売却益》が発生します。

(5) 棚卸資産

棚卸資産とは、医薬品、診療材料、給食用材料、貯蔵品など、病院が経営活動を行う目的で一時的に保有する資産の総称です。一般に、棚卸資産は「在庫」とも呼ばれます。

a．医薬品

病院会計準則

医薬品の棚卸高

解説

《医薬品》には、投薬用薬品、注射用薬品、外用薬、検査用試薬、造影剤などが含まれます。

b．診療材料

病院会計準則

診療材料の棚卸高

解説

《診療材料》には、カテーテル、縫合糸、酸素、ギブス粉、レントゲンフイルムなど、1回ごとに消費する診療材料が含まれます。

c．給食用材料

病院会計準則

給食用材料の棚卸高

解説

《給食用材料》には、患者給食のために使用する食品が含まれます。

d．貯蔵品

病院会計準則

（ア）医療消耗器具備品の棚卸高

（イ）その他の消耗品及び消耗器具備品の棚卸高

解説

《貯蔵品》には、以下のものが含まれます。

①診療、検査、看護、給食などの医療用の器械、器具のうち、固定資産の計上基準に満たないもの、または1年以内に消費するもの。

②カルテ、検査伝票、会計伝票などの医療用・事務用の用紙、電球、洗剤など1年以内に消費するもの。

③事務用その他の器械、器具のうち、固定資産の計上基準に満たないもの、または1年以内に消費するもの。

〔豆知識：固定資産の計上基準〕

病院は、経営活動を行うためにさまざまな資産を保有しています。それらの資産のうち、一定の要件を満たす資産は「固定資産」に計上しなければなりません。具体的には、病院の場合は、以下の3つの要件を満たす資産を固定資産に計上します。

1）経営活動を行う目的で一時的に保有する資産でないこと

病院が経営活動を行う目的で一時的に保有する資産は、固定資産に計上しません。その場合は、「棚卸資産」として計上します。

2）使用可能期間が1年未満の資産でないこと

病院が1年未満の短期間で使用する資産は、固定資産に計上しません。その場合は、《消耗品費》《消耗器具備品費》などの費用として計上します。一般に、使用可能期間は、税法に規定される「耐用年数表」をもとに決める場合がほとんどです。

3）一定金額以上の資産であること

病院が保有する資産のうち、一定金額以上の資産は、固定資産に計上します。つまり、少額の資産は固定資産に計上せず、《消耗品費》《消耗器具備品費》などの費用として計上します。一般に、一定金額は、税法に規定される「10万円」が用いられる場合がほとんどです。その場合、取得価額10万円以上の資産は、固定資産に計上されます。

会計処理

棚卸資産は、図表4-6のような様式の表を作成して管理します。

図表4-6　医薬品棚卸表

実施日：平成○○年○月○日　　　　担当者：××

コード	品　名	数量	単価	金額
610463198	マグミット錠330mg	3,750	5.6	21,000
613330003	ワーファリン錠1mg	7,500	9.6	72,000
620007805	モーラステープ20mg 7cm × 10cm	3,500	24.3	85,050
620509501	SPトローチ0.25mg「明治」	9,800	5.6	54,880
⋮	⋮	⋮	⋮	⋮
			合計	5,692,570

「棚卸表」作成のポイントは、「品名」ごとに「数量」と「単価」を必ず記入することです。数量と単価を記入することで、棚卸資産の管理を容易に行うことができます。例えば、入力間違いなどにより、異常な数値が記載された棚卸表が作成されたとします。その場合も、きちんとした様式で棚卸表が作成されていれば、どの品名に間違いがあるかを容易に発見することができます。つまり、担当者だけでなく、誰が見ても分かる棚卸表を作成することが大切です。

棚卸表は、納品書の記載内容にもとづいて作成します。そのため、納品書も重要な証拠書類となりますので、保管しておく必要があります。ただし、貯蔵品の一部については納品書がない場合があります。例えば、切手や収入印紙は、必要になったときやストックが少なくなったときにまとめて購入する場合が多いため、事前に注文して納品という仕組みになっていません。その場合は、領収書などが納品書の代わりになります。

一般に、棚卸資産の会計処理は、決算日に決算整理仕訳として年1回だけ、売上原価を算定するために行われます。売上原価とは、医業収益に対応する医薬品・診療材料などの仕入原価をいいます。棚卸資産の会計処理を行うためには、「前期末棚卸表」と「当期末棚卸表」の2つの資料が必要になります。

〔仕訳事例〕

以下の資料をもとに当期の売上原価の算定を行う。決算日は3月31日である。貯蔵品は《消耗品費》のみで会計処理を行う。

[資料1：前期末棚卸表]		[資料2：当期末棚卸表]	
医薬品棚卸高	5,750,240円	医薬品棚卸高	5,836,450円
診療材料棚卸高	4,292,770円	診療材料棚卸高	4,449,970円
給食用材料棚卸高	828,520円	給食用材料棚卸高	776,070円
貯蔵品棚卸高	1,659,100円	貯蔵品棚卸高	1,621,280円

まず、前期末棚卸表にもとづいて、棚卸資産をそれぞれの費用項目（医薬品費、診療材料費など）に振り替えます。その仕訳は、次のように行います。

《棚卸資産》（前期末棚卸高）の仕訳

3/31	医薬品費	5,750,240	/	医薬品	5,750,240
〃	診療材料費	4,292,770	/	診療材料	4,292,770
〃	給食用材料費	828,520	/	給食用材料	828,520
〃	消耗品費	1,659,100	/	貯蔵品	1,659,100

上記の会計処理によって、当期に業者から仕入れた医薬品・診療材料などの仕入高に「前期末棚卸高」を加えたことになります。つまり、病院が当期に活用することができた棚卸資産は「前期末棚卸高＋当期仕入高」ということを意味しています

しかし、病院は、毎日、すべての棚卸資産がなくなるように経営活動を行うことはありません。そのため、当期末時点では、必ず棚卸資産が存在します。そこで、売上原価の算定を行うためには、病院が当期に活用することができた棚卸資産から「当期末棚卸高」を引かなければなりません。その仕訳は、次のように行います。

《棚卸資産》（当期末棚卸高）の仕訳

3/31	医薬品	5,836,450	/	医薬品費	5,836,450
〃	診療材料	4,449,970	/	診療材料費	4,449,970
〃	給食用材料	776,070	/	給食用材料費	776,070
〃	貯蔵品	1,621,280	/	消耗品費	1,621,280

上記2つの会計処理を行うことで、売上原価の算定を行うことができます。売上原価は、「前期末棚卸高＋当期仕入高－当期末棚卸高＝売上原価」という計算式により求めることができます。

一般に、棚卸資産の会計処理は、年1回だけ行われると説明しましたが、上記2つの会計処理を毎月行うことで、毎月の売上原価を算定することもできます。つまり、当月の売上原価は、「前月末棚卸高＋当月仕入高－当月末棚卸高＝当月売上原価」という計算式により求めることができます。毎月の売上原価を算定して管理することで、医薬品・診療材料などのムダ遣い、ムダな在庫の削減による資金繰りの改善などの効果が期待できます。

(6) 建物

病院会計準則

（ア）診療棟、病棟、管理棟、職員宿舎など病院に属する建物

（イ）電気、空調、冷暖房、昇降機、給排水など建物に附属する設備

解説

《建物》は、建物や建物附属設備を取得したときに使用する勘定科目です。建物附属設備とは、電気・空調設備やエレベーターなど、建物と一体となって機能する設備をいいます。

会計処理

〔仕訳事例〕

11 月 11 日に建設費 50,000 千円の新築建物が完成し、引き渡しを受けた。建設費のうち 20,000 千円は支払い済みである。1 月末日に残額を預金口座から振り込んだ。

《建物》の仕訳

（単位：千円）

11/11	建物	50,000	建設仮勘定	20,000
			未払金	30,000
1/31	未払金	30,000	預金	30,000

建物は高額な資産であるため、一般に、建物を購入する際は完成して引き渡しを受ける前に、建設費の一部を先払いしています。その場合、先払いした金額は《建物》ではなく《建設仮勘定》という勘定科目により会計処理されています。《建設仮勘定》は、建設途中の資産を管理するための勘定科目です。そのため、建物が完成して引き渡しを受けたときに、《建物》に振り替える必要があります。

(7) 構築物

病院会計準則

貯水池、門、塀、舗装道路、緑化施設など建物以外の工作物及び土木設備であって土地に定着したもの

解説

《構築物》は、駐車場の舗装、街灯や院内庭園の設置などを行ったときに使用する勘定科目です。《構築物》は、土地の上に定着した工作物のうち、建物に附属しないで機能するものをいいます。建物附属設備と混同しないように注意が必要です。

会計処理

〔仕訳事例〕

8 月 14 日に 700,000 円で駐車場のアスファルト舗装を行った。8 月末日に代金を預金口座から振り込んだ。

《構築物》の仕訳

8/14	構築物	700,000	未払金	700,000
8/31	未払金	700,000	預金	700,000

(8) 医療用器械備品

病院会計準則

治療、検査、看護など医療用の器械、器具、備品など

解説

《医療用器械備品》は、CT・MRI装置などの医療活動を行うための器械・備品を取得したときに使用する勘定科目です。《医療用器械備品》は、医療活動に直接使用されるというのがポイントです。

会計処理

〔仕訳事例〕

5 月 20 日に 25,000 千円でCT装置を購入した。6 月末日に代金を預金口座から振り込んだ。

《医療用器械備品》の仕訳

（単位：千円）

5/20	医療用器械備品	25,000	未払金	25,000
6/30	未払金	25,000	預金	25,000

(9) その他器械備品

病院会計準則

その他前掲に属さない器械、器具、備品など

解説

《その他器械備品》は、医療活動以外で使用する器械・備品を取得したときに使用する勘定科目です。例えば、事務用の机・イスやパソコンなどは、医療活動に直接使用しないため、《その他器械備品》として会計処理します。

会計処理

〔仕訳事例〕

6月1日に278,000円で事務用のパソコンを購入した。6月末日に代金を預金口座から振り込んだ。

《その他器械備品》の仕訳

	借方	金額	貸方	金額
6/1	その他器械備品	278,000	未払金	278,000
6/30	未払金	278,000	預金	278,000

(10) 車両

病院会計準則

救急車、検診車、巡回用自動車、乗用車など

解説

《車両》は、乗用車や救急車などの自動車を取得したときに使用する勘定科目です。自動車を取得した場合は、医療活動に使用するかどうかを問わず《車両》で会計処理します。しかし、救急車や検診車には《診療材料》《医療用器械備品》が搭載されています。そのため、請求書や納品書にもとづいて、適切な勘定科目により会計処理する必要があります。

会計処理

自動車を購入したときは、図表 4-7 に示す内容が記載された書類を業者から受け取ります。

図表 4-7　新車注文書

納車予定日：10 月 23 日

車両販売価格	2,198,000
販売諸費用	68,650
自動車税等	20,990
自賠責保険料	35,950
リサイクル預託金	13,500
支払金額合計	2,337,090

《車両》の会計処理は、上記書類の記載内容にもとづいて行います。一般に、自動車を購入したときに使用する勘定科目は、《車両》《租税公課》《保険料》《前払費用》です。図表 4-7 の自動車購入に関する仕訳は、以下のように行います。

《車両》の仕訳

日付	借方	金額	貸方	金額
10/23	車両	2,198,000	未払金	2,337,090
	車両	68,650		
	租税公課	20,990		
	保険料	35,950		
	前払費用	13,500		

《車両》には、車両販売価格および販売諸費用などの付随費用の合計額を計上します。《租税公課》には、自動車税・自動車重量税・自動車取得税の合計額を計上します。《保険料》には、自賠責保険料の金額を計上します。《前払費用》には、リサイクル預託金の金額を計上します。リサイクル預託金とは、自動車を廃車にする場合に支払わなければならないリサイクル料金を購入者が事前に支払う費用をいいます。リサイクル預託金は、自動車を廃棄・売却したときに適切な勘定科目に振り替えます。

(11) 土地

病院会計準則

病院事業活動のために使用している土地

解説

《土地》は、土地を取得したときに使用する勘定科目です。病院会計準則では、「病院事業活動のために使用している土地」とありますが、介護事業など病院事業以外で使用している土地についても《土地》として会計処理します。

会計処理

〔仕訳事例〕

4月25日に8,000,000円で駐車場用の土地を購入した。6月末日に代金を預金口座から振り込んだ。10月25日に土地購入に係る不動産取得税190,000円を現金で支払った。

《土地》の仕訳

日付	借方	金額	貸方	金額
4/25	土地	8,000,000	未払金	8,000,000
6/30	未払金	8,000,000	預金	8,000,000
10/25	租税公課	190,000	現金	190,000

土地や建物などの不動産を売買・贈与などで取得した場合、「不動産取得税」が課税されるため、申告期限までに各都道府県の県税事務所に申告書を提出しなければなりません。不動産取得税の納付書は、不動産を取得した日から数か月後に届きます。不動産取得から納付までにタイムラグがあるため、資金繰りに注意が必要です。

(12) ソフトウェア

病院会計準則

コンピュータソフトウェアに係る費用で、外部から購入した場合の取得に要した費用ないしは制作費用のうち研究開発費に該当しないもの

解説

《ソフトウェア》は、インターネット予約システムや物品管理システムなどを導入したときに使用する勘定科目です。《ソフトウェア》は、将来の収入獲得や支出削減を目的として導入したシステムであるというのがポイントです。

会計処理

〔仕訳事例〕

9月10日に500,000円で経営分析システムを導入した。9月末日に代金を預金口

座から振り込んだ。

《ソフトウェア》の仕訳

9/10	ソフトウェア	500,000	未払金	500,000
9/30	未払金	500,000	預金	500,000

3. 事例で学ぶ勘定科目 ―― 負債編 ――

(1) 買掛金

病院会計準則

医薬品、診療材料、給食用材料など棚卸資産に対する未払債務

解説

《買掛金》は、医薬品・診療材料などの棚卸資産の仕入れに対する未払債務が発生したときに使用する勘定科目です。

会計処理

《買掛金》は、図表 4-8 のような様式の表を作成して管理します。

図表 4-8　買掛金管理表

業者名	勘定科目	前月繰越	4月			5月			6月		
			請求	支払	残高	請求	支払	残高	請求	支払	残高
××製薬	医薬品費	2,540,050 2,208,740	2,300,770	2,540,050	2,208,740 2,300,770	2,530,850	2,208,740	2,300,770 2,530,850	2,657,390	2,300,770	2,530,850 2,657,390
××医療器	診療材料費	1,501,660 1,532,310	1,380,460	1,501,660	1,532,310 1,380,460	1,490,900	1,532,310	1,380,460 1,490,900	1,401,450	1,380,460	1,490,900 1,401,450
××食品	給食用材料費	898,690 966,330	920,310	898,690	966,330 920,310	892,700	966,330	920,310 892,700	883,770	920,310	892,700 883,770
	合計	9,647,780	4,601,540	4,940,400	9,308,920	4,914,450	4,707,380	9,515,990	4,942,610	4,601,540	9,857,060

「買掛金管理表」作成のポイントは、業者ごとに「残高」を管理することです。つまり、どの業者にいくら支払わなければならないかを一目で把握できる様式の管理表を作成することが大切です。そうすることで、買掛金の支払い漏れや誤った金額による支払いを防止することができます。

診療報酬は、病院が審査支払機関に請求してから、およそ2か月後に支払われるため、それに合わせて買掛金の支払サイトを2か月に設定している病院は少なくありません。つまり、4月分の請求額を6月末日までに支払うということです。実際に図表 4-8 の「残高」を見てみると、2段表示になっています。これは、支払サイトが2か月であることを示しており、「残高」の上段には前月の請求額、下段には当月の請求額が記載されています。

続いて、図表4-8の「請求」「支払」について説明します。「請求」には、その月内の仕入れに対する請求額を記載します。一般に、病院の会計実務では、仕入れの都度、《買掛金》を計上することはせず、月末に一括してその月内の仕入れの総額を《買掛金》に計上します。「支払」には、その月内の支払額を記載します。買掛金が適切に管理されていれば、支払サイトが2か月の場合、「支払」の金額は、前々月の「請求」の金額と一致します。5月の《買掛金》の請求・支払に関する仕訳は、次のように行います。

《買掛金》の仕訳

5/31	医薬品費	2,530,850	買掛金	4,914,450
	診療材料費	1,490,900		
	給食用材料費	892,700		
〃	買掛金	4,707,380	預金	4,707,380

仕入れが頻繁に発生する業者に対しては、その業者に対応する勘定科目をあらかじめ設定し、かつ、支払を月末に一括して行うことで、買掛金の管理を容易に行うことができます。

(2) 未払金

病院会計準則

器械、備品などの償却資産及び医業費用等に対する未払債務

解説

《未払金》は、棚卸資産以外の資産または費用に対する未払債務が発生したときに使用する勘定科目です。例えば、器械・備品や車両などの固定資産を購入したときに使用します。

会計処理

〔仕訳事例〕

7月20日に230,000円で事務用のパソコンを購入した。7月末日に代金を預金口座から振り込んだ。

《未払金》の仕訳

7/20	その他器械備品	230,000	未払金	230,000
7/31	未払金	230,000	預金	230,000

(3) 短期借入金

病院会計準則

公庫、事業団、金融機関などの外部からの借入金で、当初の契約において1年以内に返済期限が到来するもの

解説

《短期借入金》は、銀行などから返済期限が1年以内の融資を受けたときに使用する勘定科目です。融資を受けた場合、借入金に対して利息が発生するため、《支払利息》の会計処理も併せて行う必要があります。

会計処理

〔仕訳事例〕

5月1日に銀行から5,000,000円を借り入れた。利息50,000円を差し引かれて預金口座に入金された。10月末日に元金を預金口座から一括返済した。

《短期借入金》の仕訳

5/1	預金	4,950,000	短期借入金	5,000,000
	支払利息	50,000		
10/31	短期借入金	5,000,000	預金	5,000,000

(4) 預り金

病院会計準則

入院預り金など従業員以外の者からの一時的な預り金

解説

《預り金》は、患者から入院保証金などを預かったときに使用する勘定科目です。入院保証金は、退院時に返金もしくは入院費用と相殺するため、《預り金》として会計処理します。

会計処理

〔仕訳事例〕

4月10日に患者から入院保証金50,000円を現金で預かった。5月10日の退院時に入院保証金の全額を患者に現金で返金した。

《預り金》の仕訳

4/10	現金	50,000	預り金	50,000
5/10	預り金	50,000	現金	50,000

(5) 従業員預り金

病院会計準則

源泉徴収税額及び社会保険料などの徴収額等、従業員に関する一時的な預り金

解説

《従業員預り金》は、職員から所得税・住民税や社会保険料などを預かったときに使用する勘定科目です。

会計処理

〔仕訳事例〕

6月1日に社会保険料4,981,740円を預金口座から引き落とされた。6月10日に源泉所得税996,350円、住民税913,320円を預金口座から支払った。なお、5月支払の給料から源泉所得税996,350円、住民税913,320円、社会保険料2,490,870円を天引きしている。

《従業員預り金》の仕訳

6/1	従業員預り金（保険料）	2,490,870	預金	4,981,740
	法定福利費	2,490,870		
6/10	従業員預り金（所得税）	996,350	預金	996,350
〃	従業員預り金（住民税）	913,320	預金	913,320

《従業員預り金》には、源泉所得税・住民税、社会保険料が含まれますが、それぞれ納付時期と納付場所が異なります。上記の仕訳のように「補助科目」を設けることで、それぞれを個別に管理することができます。

(6) 長期借入金

病院会計準則

公庫、事業団、金融機関などの外部からの借入金で、当初の契約において1年を超えて返済期限が到来するもの

解説

《長期借入金》は、銀行などから返済期限が1年を超える融資を受けたときに使用する勘定科目です。《長期借入金》のうち、1年以内に返済期限が到来する部分については、《短期借入金》に振り替える必要があります。

会計処理

銀行などから融資を受けたときは、図表4-9のような様式の書類を受け取ります。

図表4-9　返済予定表

返済回数	返済日			返済額	内訳		返済残高
					元金	利息	
1	X1	11	10	537,500	500,000	37,500	29,500,000
2	X1	12	10	536,875	500,000	36,875	29,000,000
3	X2	1	10	536,250	500,000	36,250	28,500,000
4	X2	2	10	535,625	500,000	35,625	28,000,000
5	X2	3	10	535,000	500,000	35,000	27,500,000
⋮		⋮		⋮	⋮	⋮	⋮
59	X6	9	10	501,250	500,000	1,250	500,000
60	X6	10	10	500,625	500,000	625	0

《長期借入金》の会計処理は、「返済予定表」の記載内容にもとづいて行います。図表4-9は、X1年10月10日に借入金額30,000,000円、毎月の元金返済額500,000円、金利1.5%で融資を受けた場合の返済予定表です。

このケースの場合、融資を受けて返済し終えるまでに5年かかるため、融資を受けたときに借入金額の全額を《長期借入金》として会計処理します。しかし、X1年度に返済しなければならない元金返済額も《長期借入金》に含まれてしまっています。そこで、決算日X2年3月31日までの5か月分の元金返済額2,500,000円を《短期借入金》に振り替えます。《長期借入金》の借入および振替に関する仕訳は、以下の

ように行います。

《長期借入金》の仕訳

10/10	預金	30,000,000	長期借入金	30,000,000
〃	長期借入金	2,500,000	短期借入金	2,500,000

さらに、決算日には決算整理仕訳として、上記仕訳と同様の方法により、翌年度に返済しなければならない12か月分の元金返済額を《短期借入金》に振り替えます。

〔豆知識：借入金の返済方法〕

借入金の返済方法には、「元金均等返済」と「元利均等返済」の2通りがあります。元金均等返済は、毎月均等に元金を返済する方法であり、借入残高に応じた利息を上乗せして支払います（図表4-10）。元金均等返済では、返済開始当初の返済額が最も多くなります。

一方、元利均等返済は、毎月一定の返済額を返済する方法であり、返済額に占める元金と利息の割合が毎月変化します（図表4-11）。元利均等返済では、返済計画が立てやすくなります。

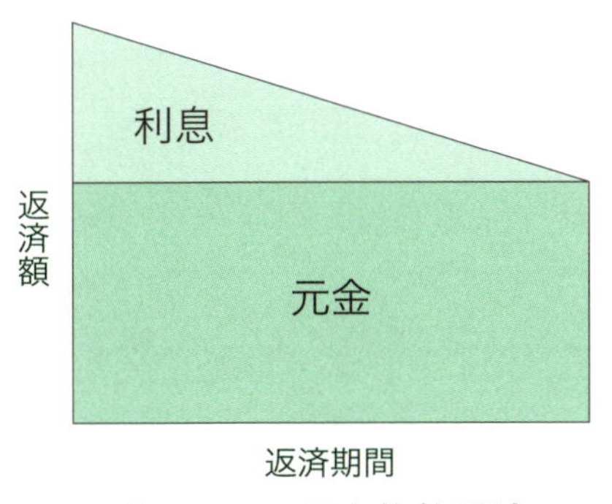

図表4-10　元金均等返済

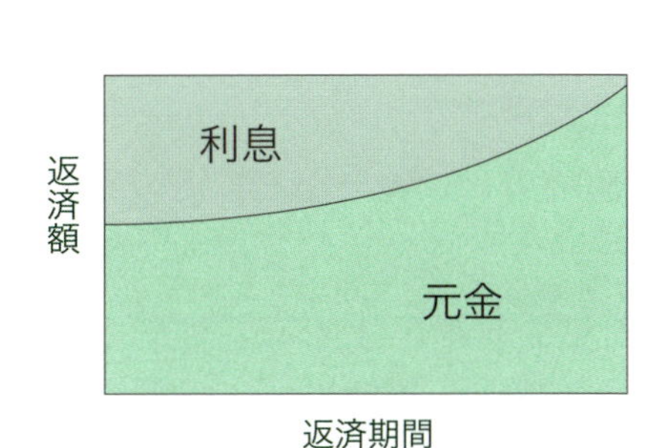

図表4-11　元利均等返済

4. 事例で学ぶ勘定科目 ―― 医業収益編 ――

(1) 入院診療収益

病院会計準則

入院患者の診療、療養に係る収益

解説

《入院診療収益》は、入院患者の保険診療に係る収益が発生したときに使用する勘定科目です。

会計処理

〔仕訳事例〕

入院患者に4月分の入院費用56,000円を請求した。5月20日に入院費用の全額が預金口座に振り込まれた。

《入院診療収益》の仕訳

4/31	医業未収金	56,000	／	入院診療収益	56,000
5/20	預金	56,000	／	医業未収金	56,000

(2) 室料差額収益

病院会計準則

特定療養費の対象となる特別の療養環境の提供に係る収益

解説

《室料差額収益》は、入院患者に特別室を提供したことにより収益が発生したときに使用する勘定科目です。室料差額は、一般的に「差額ベッド代」ともいわれます。

会計処理

〔仕訳事例〕

入院患者に4月分の室料差額35,000円を請求した。5月20日に室料差額の全額が預金口座に振り込まれた。

《室料差額収益》の仕訳

4/31	医業未収金	35,000	／	室料差額収益	35,000
5/20	預金	35,000	／	医業未収金	35,000

(3) 外来診療収益

病院会計準則

外来患者の診療、療養に係る収益

解説

《外来診療収益》は、外来患者の保険診療に係る収益が発生したときに使用する勘定科目です。

会計処理

〔仕訳事例〕

4月20日の外来患者の保険診療による窓口収入は、134,250円であった。

《外来診療収益》の仕訳

4/20	現金	134,250	／	外来診療収益	134,250

(4) 保健予防活動収益

病院会計準則

各種の健康診断、人間ドック、予防接種、妊産婦保健指導等保健予防活動に係る収益

解説

《保健予防活動収益》は、健康診断や予防接種などに係る収益が発生したときに使用する勘定科目です。

会計処理

〔仕訳事例〕

4月20日の外来患者の予防接種による窓口収入は、28,000円であった。

《保健予防活動収益》の仕訳

4/20	現金	28,000	／	保健予防活動収益	28,000

(5) 受託検査・施設利用収益

病院会計準則

他の医療機関から検査の委託を受けた場合の検査収益及び医療設備器機を他の医療機関の利用に供した場合の収益

解説

《受託検査・施設利用収益》は、他院からの検査受託、他院への医療機器の貸与に係る収益が発生したときに使用する勘定科目です。

会計処理

〔仕訳事例〕

A病院に4月分の検査料228,000円を請求した。5月末日に検査料の全額が預金口座に振り込まれた。

《受託検査・施設利用収益》の仕訳

4/31	医業未収金	228,000	/	受託検査・施設利用収益	228,000
5/31	預金	228,000	/	医業未収金	228,000

(6) その他の医業収益

病院会計準則

文書料等上記に属さない医業収益

解説

《その他の医業収益》は、診断書の文書料や入院患者のおむつ代などが発生したときに使用する勘定科目です。

会計処理

〔仕訳事例〕

4月20日の診断書の文書料による窓口収入は、11,000円であった。

《その他の医業収益》の仕訳

4/20	現金	11,000	/	その他の医業収益	11,000

(7) 保険等査定減

病院会計準則

社会保険診療報酬支払基金などの審査機関による審査減額

解説

《保険等査定減》は、社会保険診療報酬支払基金などの審査支払機関による審査減額が発生したときに使用する勘定科目です。

会計処理

〔仕訳事例〕

8月22日に審査支払機関から支払われた診療報酬の査定額は、53,750円であった。

《保険等査定減》の仕訳

8/22	保険等査定減	53,750	医業未収金	53,750

5. 事例で学ぶ勘定科目 ―― 医業費用編 ――

(1) 材料費

a. 医薬品費

病院会計準則

（ア）投薬用薬品の費消額

（イ）注射用薬品の費消額

（ウ）外用薬、検査用試薬、造影剤など前記の項目に属さない薬品の費消額

解説

《医薬品費》は、業者から棚卸資産の《医薬品》を仕入れたときに使用する勘定科目です。

b. 診療材料費

病院会計準則

カテーテル、縫合糸、酸素、ギブス粉、レントゲンフイルムなど1回ごとに消費する診療材料の費消額

解説

《診療材料費》は、業者から棚卸資産の《診療材料》を仕入れたときに使用する勘定科目です。

c. 医療消耗器具備品費

病院会計準則

診療、検査、看護、給食などの医療用の器械,器具及び放射性同位元素のうち、固定資産の計上基準額に満たないもの、または1年内に消費するもの

解説

《医療消耗器具備品費》は、業者から棚卸資産の《医療消耗器具備品》を仕入れたときに使用する勘定科目です。

d．給食用材料費

病院会計準則

患者給食のために使用した食品の費消額

解説

《給食用材料費》は、業者から棚卸資産の《給食用材料》を仕入れたときに使用する勘定科目です。

会計処理

〔仕訳事例〕

4月分の医薬品の仕入高は、2,300,770円であった。6月末日に代金の全額を預金口座から振り込んだ。

《材料費》の仕訳

4/31	医薬品費	2,300,770	買掛金	2,300,770
6/30	買掛金	2,300,770	預金	2,300,770

(2) 給与費

a．給料

病院会計準則

病院で直接業務に従事する役員・従業員に対する給料、手当

解説

《給料》は、病院に勤務する職員に対する給料が発生したときに使用する勘定科目です。病院会計準則には示されていませんが、一般に、役員に対する報酬が発生したときは《役員報酬》という勘定科目を使用します。役員に対する報酬は、法律上注意しなければならない点があるため、《給料》とは異なる勘定科目で会計処理します。

b．賞与

病院会計準則

病院で直接業務に従事する従業員に対する確定済賞与のうち、当該会計期間に係る部分の金額

解説

《賞与》は、病院に勤務する職員に対する賞与が発生したときに使用する勘定科目です。賞与は、一般的に「ボーナス」ともいわれます。賞与は、給料のように毎月発生するものではないため、《給料》とは異なる勘定科目で会計処理します。

c．法定福利費

病院会計準則

病院で直接業務に従事する役員・従業員に対する健康保険法、厚生年金保険法、雇用保険法、労働者災害補償保険法、各種の組合法などの法令に基づく事業主負担額

解説

《法定福利費》は、病院に勤務する役員・職員のために、病院が負担する各種の社会保険料が発生したときに使用する勘定科目です。

会計処理

〔仕訳事例〕

給料の締め日は月末であり、支給日は翌月15日である。4月分の給料額は16,605,800円であり、預り金は所得税996,350円、住民税913,320円、社会保険料2,490,870円である。6月1日に社会保険料4,981,740円が預金口座から引き落とされた。

《給与費》の仕訳

日付	借方科目	金額	貸方科目	金額
4/30	給料	16,605,800	未払金	12,205,260
			従業員預り金(所得税)	996,350
			従業員預り金(住民税)	913,320
			従業員預り金(保険料)	2,490,870
5/15	未払金	12,205,260	預金	12,205,260
6/1	従業員預り金(保険料)	2,490,870	預金	4,981,740
	法定福利費	2,490,870		

(3) 委託費

a．検査委託費

病院会計準則

外部に委託した検査業務の対価としての費用

解説

《検査委託費》は、業者に検査業務を委託したときに使用する勘定科目です。

b．給食委託費

病院会計準則

外部に委託した給食業務の対価としての費用

解説

《給食委託費》は、業者に給食業務を委託したときに使用する勘定科目です。

c．寝具委託費

病院会計準則

外部に委託した寝具整備業務の対価としての費用

解説

《寝具委託費》は、業者に寝具整備業務を委託したときに使用する勘定科目です。

d．医事委託費

病院会計準則

外部に委託した医事業務の対価としての費用

解説

《医事委託費》は、業者に医事業務を委託したときに使用する勘定科目です。

e．清掃委託費

病院会計準則

外部に委託した清掃業務の対価としての費用

解説

《清掃委託費》は、業者に清掃業務を委託したときに使用する勘定科目です。

f．保守委託費

病院会計準則

外部に委託した施設設備に係る保守業務の対価としての費用

解説

《保守委託費》は、業者に施設設備の保守業務を委託したときに使用する勘定科目です。

会計処理

委託費の会計処理は、委託業務が完了した後に委託業者が作成・送付する請求書にもとづいて行います。

〔仕訳事例〕

検査業務を委託しているA検査センターから5月12日付けの請求書が送られてきた。5月31日に請求額724,040円を預金口座から振り込んだ。

《委託費》の仕訳

5/12	検査委託費	724,040	未払金	724,040
5/31	未払金	724,040	預金	724,040

(4) 減価償却費

病院会計準則

固定資産の計画的・規則的な取得原価の配分額

解説

《減価償却費》は、固定資産の減価償却を行ったときに使用する勘定科目です。建物や器械などの固定資産は、時間の経過とともに資産価値が減少します。減価償却とは、固定資産を耐用年数に応じて規則的に費用計上することをいいます。通常、減価償却は、決算整理仕訳として年1回行います。

会計処理

〔仕訳事例〕

決算日につき、車両の減価償却を行う。車両は、昨年度に3,000,000円で取得した。減価償却は、耐用年数6年の定額法によって行っている。決算日は、3月31日である。

《減価償却費》の仕訳

3/31	減価償却費	500,000	/	車両	500,000

(5) 器機賃借料

病院会計準則

固定資産に計上を要しない器機等のリース、レンタル料

解説

《器機賃借料》は、医療機器や備品などをレンタルしたときに使用する勘定科目です。

会計処理

〔仕訳事例〕

2月15日に医療機器の1月分のレンタル料252,000円が預金口座から引き落とされた。

《器機賃借料》の仕訳

2/15	器機賃借料	252,000	/	預金	252,000

(6) 地代家賃

病院会計準則

土地、建物などの賃借料

解説

《地代家賃》は、土地や建物を借りたときに使用する勘定科目です。

会計処理

〔仕訳事例〕

10月20日に土地の賃借料300,000円が預金口座から引き落とされた。

《地代家賃》の仕訳

10/20	地代家賃	300,000	/	預金	300,000

(7) 修繕費

病院会計準則

有形固定資産に損傷、摩滅、汚損などが生じたとき、現状回復に要した通常の修繕のための費用

解説

《修繕費》は、自動車の整備や備品の故障による部品交換などを行ったときに使用します。

会計処理

〔仕訳事例〕

6 月 4 日にコピー機の修理を依頼し、修理代 15,000 円を現金で支払った。

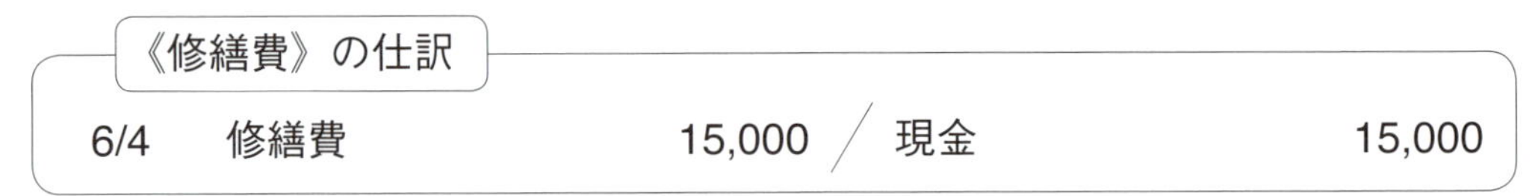

(8) 研修費

病院会計準則

講習会参加に係る会費、旅費交通費、研修会開催のために招聘した講師に対する謝金等職員研修に係る費用

解説

《研修費》は、院内研修会において外部講師に謝金を支払ったときや、職員が外部の研修会に参加したときに使用する勘定科目です。研修会の参加に必要となった旅費交通費は《研修費》として会計処理します。

会計処理

〔仕訳事例〕

7 月 11 日に職員が外部の研修会に参加した。研修参加費 10,000 円、交通費 2,000 円を職員に現金で支払った。

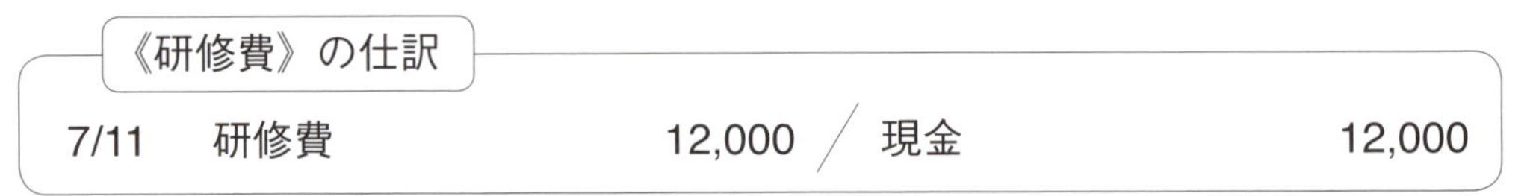

(9) 福利厚生費

病院会計準則

福利施設負担額、厚生費など従業員の福利厚生のために要する法定外福利費

（ア）看護宿舎、食堂、売店など福利施設を利用する場合における事業主負担額

（イ）診療、健康診断などを行った場合の減免額、その他衛生、保健、慰安、修養、教育訓練などに要する費用、団体生命保険料及び慶弔に際して一定の基準により支給される金品などの現物給与

解説

《福利厚生費》は、職員の福利厚生を目的として経費を支払ったときに使用する勘定科目です。

会計処理

〔仕訳事例〕

12 月 20 日に忘年会を開催し、飲食代 325,000 円を現金で支払った。

《福利厚生費》の仕訳

12/20	福利厚生費	325,000	/	現金	325,000

(10) 旅費交通費

病院会計準則

業務のための出張旅費

解説

《旅費交通費》は、出張のために交通費・宿泊代が必要となったときに使用する勘定科目です。

会計処理

〔仕訳事例〕

11 月 20 日に職員が医療機器の展示会に参加した。交通費 11,000 円を職員に現金で支払った。

《旅費交通費》の仕訳

11/20	旅費交通費	11,000	/	現金	11,000

(11) 通信費

病院会計準則

電信電話料、インターネット接続料、郵便料金など通信のための費用

解説

《通信費》は、電話代やインターネット料金などを支払ったときに使用する勘定科目です。

会計処理

〔仕訳事例〕

5月7日に5月請求分の電話代77,210円が預金口座から引き落とされた。

《通信費》の仕訳

日付	借方	金額	貸方	金額
5/7	通信費	77,210	預金	77,210

(12) 広告宣伝費

病院会計準則

機関誌、広報誌などの印刷製本費、電飾広告等の広告宣伝に係る費用

解説

《広告宣伝費》は、広報誌やパンフレット、ホームページの作成などを行ったときに使用する勘定科目です。

会計処理

〔仕訳事例〕

8月12日に発注していた広報誌が納品された。8月末日に印刷代84,000円を預金口座から振り込んだ。

《広告宣伝費》の仕訳

日付	借方	金額	貸方	金額
8/12	広告宣伝費	84,000	未払金	84,000
8/31	未払金	84,000	預金	84,000

(13) 消耗品費

病院会計準則

カルテ、検査伝票、会計伝票などの医療用、事務用の用紙、帳簿、電球、洗剤など1年内に消費するものの費消額

解説

《消耗品費》は、伝票やコピー用紙、文房具などを購入したときに使用する勘定科目です。

会計処理

〔仕訳事例〕

10月8日に発注していた事務用品が納品された。10月末日に代金162,000円を預金口座から振り込んだ。

《消耗品費》の仕訳

10/8	消耗品費	162,000	未払金	162,000
10/31	未払金	162,000	預金	162,000

(14) 消耗器具備品費

病院会計準則

事務用その他の器械、器具のうち、固定資産の計上基準額に満たないもの、または1年内に消費するもの

解説

《消耗器具備品費》は、少額の備品を購入したときに使用する勘定科目です。会計実務では、税法の規定に則り10万円未満の器械・備品などを購入したときに《消耗器具備品費》として会計処理します。

会計処理

〔仕訳事例〕

3月10日に49,000円のプリンターを現金で購入した。

《消耗器具備品費》の仕訳

3/10	消耗器具備品費	49,000	現金	49,000

(15) 会議費

病院会計準則

運営諸会議など院内管理のための会議の費用

解説

《会議費》は、会議用のお茶や弁当などを購入したときに使用する勘定科目です。

会計処理

〔仕訳事例〕

6月20日に会議用のお茶を購入した。代金3,300円は現金で支払った。

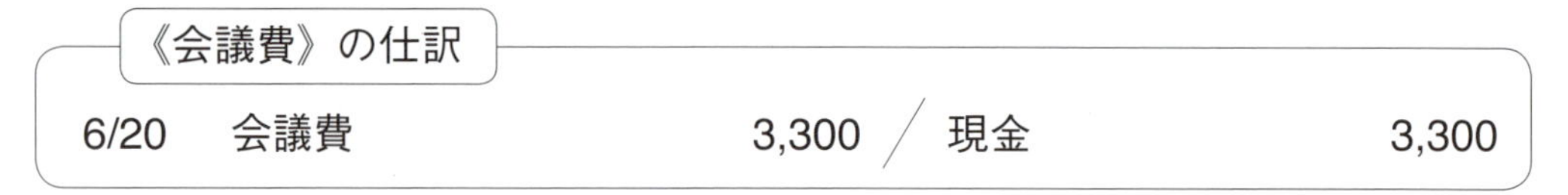

(16) 水道光熱費

病院会計準則

電気、ガス、水道、重油などの費用

解説

《水道光熱費》は、電気代や水道代、ガス代などを支払ったときに使用する勘定科目です。

会計処理

〔仕訳事例〕

12月10日に11月分の電気代439,470円が預金口座から引き落とされた。

(17) 保険料

病院会計準則

生命保険料、病院責任賠償保険料など保険契約に基づく費用

解説

《保険料》は、生命保険料や損害保険料などを支払ったときに使用する勘定科目です。

会計処理

〔仕訳事例〕

4月22日に損害保険料372,000円が預金口座から引き落とされた。

《保険料》の仕訳

4/22	保険料	372,000	／	預金	372,000

(18) 交際費

病院会計準則

接待費及び慶弔など交際に要する費用

解説

《交際費》は、接待費や慶弔費などを支払ったときに使用する勘定科目です。

会計処理

〔仕訳事例〕

12月1日に取引先へのお歳暮を購入した。代金72,000円は現金で支払った。

《交際費》の仕訳

12/1	交際費	72,000	／	現金	72,000

(19) 諸会費

病院会計準則

各種団体に対する会費、分担金などの費用

解説

《諸会費》は、会費や組合費などを支払ったときに使用する勘定科目です。

会計処理

〔仕訳事例〕

4月末日に学会の年会費10,000円を現金で支払った。

《諸会費》の仕訳

4/30	諸会費	10,000	／	現金	10,000

(20) 租税公課

病院会計準則

印紙税、登録免許税、事業所税などの租税及び町会費などの公共的課金としての費用

解説

《租税公課》は、固定資産税や自動車税などの税金を支払ったときに使用する勘定科目です。ただし、法人税、住民税および事業税については《法人税、住民税及び事業税負担額》として会計処理します。

会計処理

〔仕訳事例〕

5月末日に自動車税45,000円を現金で支払った。

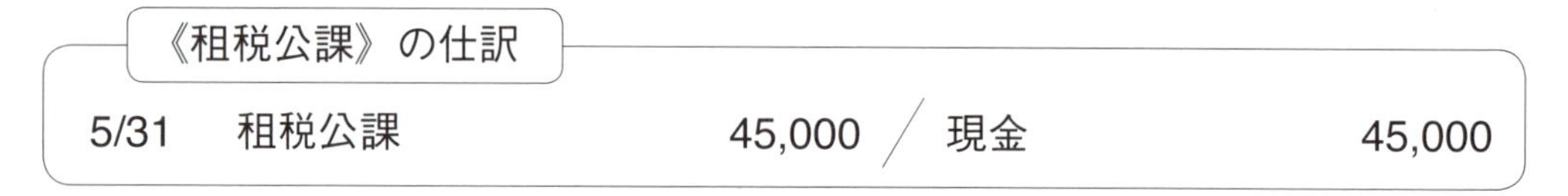

(21) 雑費

病院会計準則

振込手数料、院内託児所費、学生に対して学費、教材費などを負担した場合の看護師養成費など経費のうち前記に属さない費用

解説

各種の手数料や弁護士・税理士の顧問料などを支払ったときに使用する勘定科目です。

会計処理

〔仕訳事例〕

9月末日に税理士の顧問料70,000円を預金口座から振り込んだ。

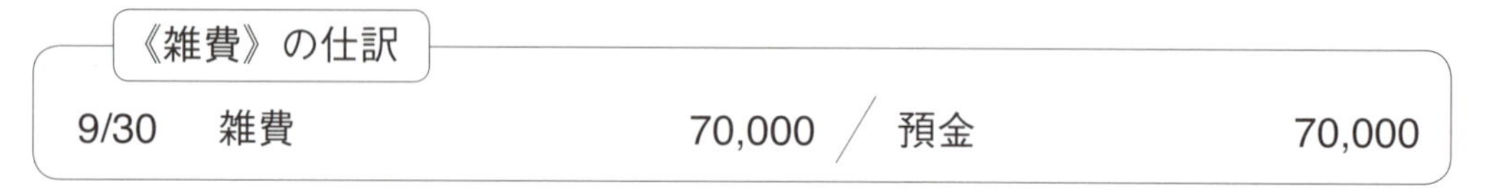

6. 事例で学ぶ勘定科目 ―― 医業外収益・費用編 ――

(1) 受取利息及び配当金

病院会計準則

預貯金、公社債の利息、出資金等に係る分配金

解説

《受取利息及び配当金》は、預貯金の利息などを受け取ったときに使用する勘定科目です。

会計処理

〔仕訳事例〕

2月19日に預金利息230円が預金口座に入金された。

《受取利息及び配当金》の仕訳

2/19	預金	230	受取利息及び配当金	230

(2) 患者外給食収益

病院会計準則

従業員等患者以外に提供した食事に対する収益

解説

《患者外給食収益》は、職員や実習生、患者の付添人などに給食を提供したときに使用する勘定科目です。

会計処理

〔仕訳事例〕

10月3日に職員から給食費6,000円を現金で集金した。

《患者外給食収益》の仕訳

10/3	現金	6,000	患者外給食収益	6,000

(3) 支払利息

病院会計準則

長期借入金、短期借入金の支払利息

解説

《支払利息》は、借入金の利息などを支払ったときに使用する勘定科目です。

会計処理

〔仕訳事例〕

1月20日に短期借入金3,000,000円を利息10,000円とともに預金口座から支払った。

《支払利息》の仕訳

日付	借方科目	借方金額	貸方科目	貸方金額
1/20	短期借入金	3,000,000	預金	3,010,000
	支払利息	10,000		

(4) 患者外給食用材料費

病院会計準則

従業員等患者以外に提供した食事に対する材料費

解説

《患者外給食用材料費》は、《患者外給食収益》に対応する給食用材料費を会計処理するために使用する勘定科目です。

会計処理

〔仕訳事例〕

9月分の《給食用材料費》のうち、183,900円は職員の給食に使用した材料費であるため、《患者外給食用材料費》に振り替える。

《患者外給食用材料費》の仕訳

日付	借方科目	借方金額	貸方科目	貸方金額
9/30	患者外給食用材料費	183,900	給食用材料費	183,900

(5) 診療費減免額

病院会計準則

患者に無料または低額な料金で診療を行う場合の割引額など

解説

《診療費減免額》は、患者から治療費の全額もしくは一部を受け取らなかったときに使用する勘定科目です。

会計処理

〔仕訳事例〕

6月5日に患者から治療費の支払いが難しい旨の申し出があったため、治療費2,100円の全額を受け取らなかった。

《診療費減免額》の仕訳

日付	借方科目	金額	貸方科目	金額
6/5	診療費減免額	2,100	医業未収金	2,100

7. 事例で学ぶ勘定科目 ―― 臨時収益・費用編 ――

(1) 固定資産売却益

病院会計準則

固定資産の売却価額がその帳簿価額を超える差額

解説

《固定資産売却益》は、固定資産の売却により利益が発生したときに使用する勘定科目です。

会計処理

〔仕訳事例〕

3月15日に応接用の机・イスを120,000円で売却した。応接用の机・イスは、帳簿価額150,000円、当期減価償却額50,000円である。3月20日に売却代金の全額が預金口座に振り込まれた。

《固定資産売却益》の仕訳

日付	借方科目	金額	貸方科目	金額
3/15	減価償却費	50,000	その他器械備品	50,000
〃	未収金	120,000	その他器械備品	100,000
			固定資産売却益	20,000
3/20	預金	120,000	未収金	120,000

(2) 固定資産売却損

病院会計準則

固定資産の売却価額がその帳簿価額に不足する差額

解説

《固定資産売却損》は、固定資産の売却により損失が発生したときに使用する勘定科目です。

会計処理

〔仕訳事例〕

9月27日に乗用車を300,000円で売却した。乗用車は、帳簿価額750,000円、当期減価償却額375,000円である。10月10日に売却代金の全額が預金口座に振り込まれた。

《固定資産売却損》の仕訳

9/27	減価償却費	375,000	車両	375,000
〃	未収金	300,000	車両	375,000
	固定資産売却損	75,000		
10/10	預金	300,000	未収金	300,000

(3) 固定資産除却損

病院会計準則

固定資産を廃棄した場合の帳簿価額及び撤去費用

解説

《固定資産除却損》は、固定資産を廃棄したときに使用する勘定科目です。

会計処理

〔仕訳事例〕

6月8日に事務用のパソコンを廃棄した。事務用のパソコンは、帳簿価額27,500円、当期減価償却額11,000円である。廃棄手数料2,000円を現金で支払った。

《固定資産除却損》の仕訳

6/8	減価償却費	11,000	その他器械備品	11,000
〃	固定資産除却損	18,500	その他器械備品	16,500
			現金	2,000

(4) 法人税、住民税及び事業税負担額

病院会計準則

法人税、住民税及び事業税のうち、当該会計年度の病院の負担に属するものとして計算された金額

解説

《法人税、住民税及び事業税負担額》は、決算によって法人税、住民税および事業税が確定したときに使用する勘定科目です。一般に、法人税、住民税および事業税を総称して「法人税等」といいます。

会計処理

〔仕訳事例〕

決算により、当期の法人税等 760,000 円が確定した。中間申告の際に《仮払法人税等》350,000 円を納付している。決算日は、3 月 31 日である。

《法人税等》の仕訳

日付	借方科目	金額	貸方科目	金額
3/31	法人税等	760,000	仮払法人税等	350,000
			未払法人税等	410,000

コラム：日本の医療制度と今後の病院経営

1）医療制度の種類

医療制度の種類は、一般に、「税方式」「社会保険方式」「民間保険方式」の3つに分けられます。税方式では、医療費はすべて税金で支払われるため、原則として、無料で医療サービスを受けることができます。社会保険方式では、多くの国民が医療保険に加入して保険料を支払い、その保険料で医療費が支払われます。民間保険方式では、多くの国民は民間保険に加入し、医療サービスを受けます。

2）日本の医療制度

日本の医療制度では、社会保険方式が採用されています。そのため、国民は医療保険に加入して保険料を支払い、そして、医療サービスを受けたときには、その保険料から医療費が支払われます。ただし、保険料から医療費の全額が支払われることはなく、医療費の一部を患者が負担します。さらに、日本の医療制度は、国民からの保険料だけでは、医療費をまかなうことができないため、税金が使われています。

つまり、日本の医療費は、保険料、税金、患者負担によって賄われています。近年のそれらの構成割合を見てみると、保険料が約5割、税金が約4割、患者負担が約1割となっています。

3）国民皆保険と医療費

日本では、1961年に「国民皆保険」が実施されたことにより、国民は誰でも、どこでも、いつでも医療サービスを受けることができるようになりました。日本国民は、国民皆保険を通じて、安心・安全な暮らしを保障されているのです。

一方で、日本の医療費は年々増加しており、問題となっています。医療費増加の主な要因としては、高齢化の進展、疾病構造の変化、医療技術の進歩などがあげられます。今後も医療費増加の傾向は続くと予想されます。

4）今後の病院経営

日本の医療費は、約４割が税金によってまかなわれています。そのため、医療費増加による財政難は、病院経営にも影響を与えます。従来と比べて、病院の経営環境は厳しくなっており、いかに病院の医療資源を有効活用し、効率的な経営を行っていくかが課題となっています。

また、今後の病院経営は、「地域包括ケアシステム」がキーワードとなります。厚生労働省は、医療・介護のあり方について、「病院完結型」から、地域全体で治し支える「地域完結型」への転換を目指しています。これからは、地域包括ケアシステムの中で、自院はどのような役割を担うのかという視点をもち、病院経営を行っていかなければなりません。

執筆者紹介

須藤　芳正（すとう　よしまさ）

川崎医療福祉大学　医療福祉マネジメント学部　教授

担当　第２～３章

黒木　由美（くろき　ゆみ）

川崎医療福祉大学　医療福祉マネジメント学部　准教授

担当　第１章

太田　佑馬（おおた　ゆうま）

ウェルメディ経営研究所　代表

認定登録 医業経営コンサルタント

担当　第３～４章

小川　由夏（おがわ　ゆか）

社会福祉法人恩賜財団　済生会兵庫県病院　経営企画室

診療情報管理士

担当　第２章

小林　里美（こばやし　さとみ）

経営士

担当　第３章 8.　経営分析 ― 上級編 ―

濱田　　明（はまだ　あきら）

ファイナンシャル・プランナー（AFP）

担当　第４章

■監修者紹介

須藤　芳正（すとう・よしまさ）

1957年生まれ
松山商科大学経営学研究科修士課程修了
愛媛大学連合農学博士課程生物資源生産学専攻満期退学
ボン大学経営経済研究所客員研究員
現在　川崎医療福祉大学医療福祉マネジメント学部教授

■編著者紹介

太田　佑馬（おおた・ゆうま）

医療法人、税理士法人勤務を経て独立
ウェルメディ経営研究所　代表
認定登録 医業経営コンサルタント

新入職員のための
病院・診療所経営入門
―ゼロから学ぶレセプトと簿記・経営分析―

2019年4月20日　初版第1刷発行

■監 修 者――須藤芳正
■編 著 者――太田佑馬
■発 行 者――佐藤　守
■発 行 所――株式会社大学教育出版
〒700-0953　岡山市南区西市855-4
電話(086)244-1268(代)　FAX(086)246-0294
■印刷製本――モリモト印刷(株)
■Ｄ Ｔ Ｐ――林　雅子

ISBN978-4-86692-017-7